KB077673

인플레이션에 베팅하라

인플레이션에 베팅하라

헤르만 지몬·유필화

"30년 물가안정기는 끝났다!"

BETTING ON INFLATION

쌤앤파커스

바야흐로 세계는 장기간에 걸친 금융완화에서 긴축으로, 저물가 시대에서 인플레이션 시대로 급속히 이행 중이다. 글로벌 금융위기 직후인 2009년부터 이미 무차별적 통화 살포에 따른 인플레이션 위험에 대해 다각적인 문제제기가 있어왔다. 그로부터 10여 년이 지난 지금 전쟁으로 인한 공급 충격과 더불어 인플레이션은 당초 예상보다 훨씬 더 강한 모습으로 우리 앞에 나타났다. 이제 우리는 무엇을 어떻게 해야 할까?

오랜 기간 잊고 지냈던 인플레이션 시대를 맞이하여 무엇보다 중요한 것은 깊고 세밀하게 보는 안목뿐만 아니라 일견 이질적인 듯 보이는 요소들을 균형 있게 바라볼 수 있는 통섭의 시각이다.

한국의 대표적인 경영학자 유필화 교수와 유럽 경영학계의 거두 헤르만 지몬 박사가 다시 손을 잡았다. 동서를 아우르는 역사와 고전에 정통한 인문학적 경영학자인 유필화 교수와 유럽 경영학, 특히 가격론의 대가인 헤르만 지몬 박사가 함께 쓴 이 책은 인플레이션 시대를 맞아 경영자들이 고민해야 할 각종 의제에 대해 깊은 통찰을 제공한다.

인플레이션은 화폐적 현상을 넘어 모든 경제주체의 의사결정에 지대한 영향을 미치는 대표적인 경제학적 이슈다. 그러한 거대한 파고를 눈앞에 두고 고객가치와 경쟁, 최적가격, 가격책정, 재무관리와 원가관리 등의 경영학적 문제에 대해 우리는 어떻게 합리적인 해답을 찾아야 할까? 두 저자는 이러한 독자들의 고민에 대해 다각적인 고민과 분석을 통해 문제

해결의 실마리를 제공한다.

두 저자의 접근은 매우 근본적이며 원칙에 입각한다. '근본과 원칙'은 지금처럼 시장흐름이 크게 바뀔 때 무엇보다도 중요한 가치다. 이미 두 저자는 2022년 초 함께 발간한 《이익이란 무엇인가?》의 서문에서 '이익은 기업이 살아남기 위한 비용'이라 말함으로써, 근본과 원칙에 입각한 한마디로 이익 관련 논쟁에 종지부를 찍은 바 있다.

인플레이션 시대는 우리에게 수많은 고민을 요구한다. 경영학계의 두 거장과 한 시대를 산다는 것은 큰 기쁨이다. 그리고 인플레이션 시대를 맞아 두 거장의 혜안을 공유할 수 있다는 것은 더욱 큰 기쁨이다. 많은 독자가 이 책을 읽고 인플레이션이라는 낯선 곳으로의 여정을 현명하게 극복하기를 기대한다.

– 이석기, 교보증권 대표이사 사장

인플레이션이 예견되고 시중에 많은 책이 나왔으나, 주로 개인 자산과 가치에 관련된 책들이고, 이렇게 기업가에게 경영의 원칙을 제공해주는 책은 거의 없었다.

인플레이션으로 인한 경영환경의 변화를 가장 밀접하게, 실시간으로 느끼는 분야가 아마 식품제조 분야일 것이다. 누구도 경험하지 못한 새로운 문제들이 매일 벌어지다 보니 식품제조사 경영진들은 실로 합리적이고 자신 있게 경영의 문제들을 해결해 나가기가 버거웠다. 인플레이션이 얼마나 다양하게 경영 전반에 큰 영향을 주는지도 새삼 느끼고 있다.

새로운 문제는 과거의 방식으로 해결할 수가 없다. 과거의 원칙을 수정·보완하면서, 매일 새롭게 닥치는 문제들을 나침반 없이 헤쳐나가야만 한다. 그런 의미에서 이 책은 가격인상, 원가관리 등 전통적인 인플레이션 대응방법 외에, 변화된 디지털 시대 고객가치와 가격결정권에 대한 근본적이며 중요한 원칙을 제시한다. 복잡하고 새로운 문제일수록 답은, 근본적인 해결은 원칙에 있다.

유례없는 인플레이션 시대에, 시대를 읽는 명쾌한 통찰을 가진 관록 있는 경영학자의 인사이트를 통해 한 수 배우고, 누구도 경험하지 못한 높은 파고를 잘 헤쳐나가고자 하는 분께 일독을 권한다.

– 최자은, CJ제일제당 한국 마케팅 본부장

인플레이션을 이겨내는 경영은 '가격결정력'이 필수라는 말에 깊이 공감한다. 눈에 보이지 않는 예술적 가치와 사회적 가치를 담아, 대체 불가능한 고객가치를 만들고 있는 대한민국 크리에이터들을 위한 기본 안내서 역할을 기대해본다. 경제 현상을 바라보는 유필화 교수의 종합적 통찰과 담백한 간추림에 박수를 보낸다.

– 권중현, 파라다이스그룹 브랜드경영실장

지금 세상은 온통 인플레이션이라는 괴물과 전쟁 중이다. 물가안정을 숙명으로 여기는 각국의 중앙은행뿐만 아니라, 기업, 소상공인, 개인, 투자자 모두 인플레이션에 의해 강탈당하고 있는 우리의 부를 지키기 위해 안간힘을 쓰고 있다. 지피지기(知彼知己)면 백전불태(百戰不殆)다. 우리가 이 전쟁에서 승리하기 위해서는 인플레이션의 본질과 실체에 대해 정확히 알아야 한다.

이 책은 세계적인 베스트셀러 《히든 챔피언》의 저자이자 '가격전략'의 대가 헤르만 지몬 회장과 그의 오랜 친구인 한국 경영학의 거두 유필화 교수가 만나 인플레이션의 근현대사적 역사와 통계를 통해 최근 물가상승의 원인과 이유, 그 영향에 대해 아주 명쾌하게 해석한다.

거기다 두 대가의 지적 내공과 통찰력을 엿볼 수 있는 구체적인 인플레이션 대응전략은, 지금의 위기가 또 다른 기회가 될 수 있음을 알려주는 사막의 오아시스와 같은 내용들이다. 평생 반복될 이 고약한 인플레이션과의 전쟁에서 승리하기 위해 경영자와 투자자들이 반드시 읽어야 할 책이다.

– 박세익, 체슬리투자자문 대표

①

인플레이션 망령이 돌아왔다

인플레이션이라는 망령이 다시 우리 곁에 왔다. 기업과 소비자들은 갑자기 어안이 벙벙하다. 지난 10년간 물가가 유례없이 안정되었는데, 이제 우리는 1970년대 이후 최고의 물가상승률을 겪고 있다. 여러 가지 조짐을 볼 때 이러한 인플레이션이 앞으로 몇 년간 지속될 것이 거의 확실해 보인다. 그래서 기업과 경영자들은 지금 매우 생소한 도전에 직면했다. 그럴 수밖에 없는 것이, 비슷한 수준의 인플레이션을 경험한 지 벌써 40년도 넘었기 때문이다.

이 책에서 우리는 인플레이션이 소비자, 국가, 특히 기업에 얼마나 위험한지를 생생하게 보이려고 한다. 인플레이션을 둘러싼 여러 관계와 그 결과는 통상 일반인들이 생각하는 것보다 훨씬 복잡하다. 예를 들어, 원가가 올랐을 때 그 상승분을 가치사슬(value chain)의 다음 단계 또는 소비자들에게 그대로 전가하는 것은 큰 잘못이 될 수 있다. 경영자는 영향을 받는 당사자들이 어떤 반응을 보일지 면밀하게 검토하고, 또 자신의 그러한 결정이 회사 경영에 전반적으로 어떤 영향을 미치는가를 깊이 이해해야 한다.

이 책은 인플레이션과 기업경영의 여러 측면을 독자들이 깊이 이해하는 데 큰 도움이 될 것이다. 이 과정에서 우리는 특히 민첩성(agility)

이란 개념에 주목할 것이다. 인플레이션이 갑작스레 나타난 데다, 인플레이션으로 인해 원가와 가격이 매일 달라질 수 있기 때문이다. 이러한 상황에서 경영자가 재빨리 적절한 조치를 하지 않으면, 기업의 존속 자체가 위협받을 수 있다. 왜 그러한가를, 그리고 업종과 제품에 따라 기업의 어떤 부서가 어떤 조치를 해야 하는가를, 반면 어떤 행동은 하지 말아야 하는가를 우리는 이 책에서 다룰 것이다.

지난 30년의 물가안정기는 끝났다

현재의 인플레이션을 이해하려면 먼저 지난 30여 년의 세월을 되돌아볼 필요가 있다.

각국의 중앙은행은 대체로 연간 물가상승률 목표를 2% 정도로 잡는다. 화폐공급이 약간 늘고 그래서 물가가 조금 오르는 것이 경제성장에 도움이 된다고 보기 때문이다. 실제로 장기적으로 보면 대부분의 나라에서 물가가 오르고 있다. 미국, 우리나라, 독일 그리고 일본의 사례를 살펴보자.

미국의 경우, 1991년부터 2021년까지 소비자물가지수는 무려 99%나 올랐다. 같은 기간에 미국 달러(USD)는 그 값어치가 거의 절반으로 줄어들었다. 미국이 금본위제(gold standard)를 포기한 1971년까지 우리의 시야를 넓히면, 달러 가치의 하락은 더욱더 두드러진다. 〈그림 1-1〉은 지난 50년간의 미국의 소비자물가지수 및 달러 가치의

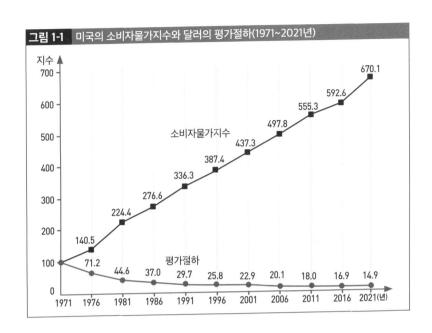

그림 1-1 미국의 소비자물가지수와 달러의 평가절하(1971~2021년)

변화를 보여준다.

이 기간에 미국의 물가는 6.7배 올랐다. 연평균 물가상승률이 3.87%였음을 뜻하므로, 중앙은행의 목표치인 2%를 훌쩍 뛰어넘는다. 〈그림 1-1〉의 아래 곡선을 보면 알 수 있듯이 달러의 누적 가치상실은 무려 85.1%에 달한다. 바꿔 말하면, 1971년에 14.9달러였던 상품을 지금은 100달러를 주어야 살 수 있는 것이다.

그러면 우리나라는 어떤가? 〈그림 1-2〉는 지난 30년간 우리나라 소비자물가지수를 보여주고 있다. 1991년부터 2021년까지 우리나라의 물가지수는 100에서 243로 올라갔다. 이것은 연간 평균 상승률이 3.01%였음을 뜻한다.

　　　　　　　　　　　　　　　1. 인플레이션 망령이 돌아왔다

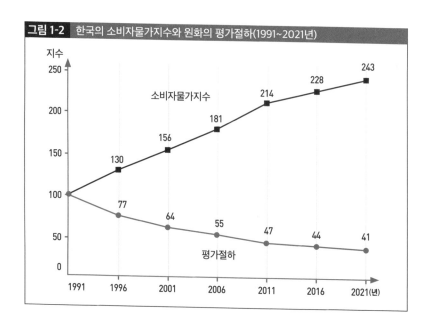

그림 1-2 한국의 소비자물가지수와 원화의 평가절하(1991~2021년)

이 정도면 우리나라도 지난 30년간 인플레이션이 없었다고 말할 수 있다. 특히 2011년부터 2021년까지는 물가지수가 매년 평균 1.4%씩 올랐으며, 2015년부터 2020년까지는 해마다 평균 1%씩 올랐다. 우리는 지난 10년간 상당한 물가안정을 누렸던 것이다. 따라서 2021년에 들어와서 더욱 심해지고 있는 현재의 인플레이션은 대부분의 한국인에게 매우 생소할 뿐만 아니라 혹독한 시련을 안겨주고 있다.

또 〈그림 1-2〉의 아래 곡선은 지난 30년간의 물가상승이 우리나라 원화의 값어치를 얼마나 떨어뜨렸는가를 보여준다. 인플레이션은 없었지만 한국에서 유통되는 돈의 값어치는 59%나 떨어졌다. 그래서 1991년에 4만 1,000원을 주면 살 수 있었던 물건을 지금은 최소

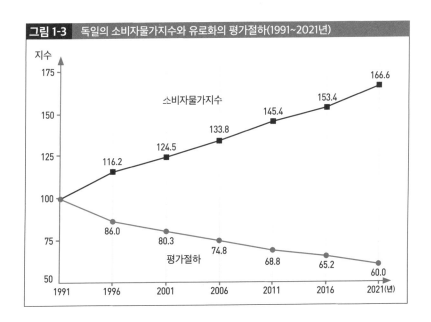

그림 1-3 독일의 소비자물가지수와 유로화의 평가절하(1991~2021년)

지수

소비자물가지수

166.6
153.4
145.4
133.8
124.5
116.2

평가절하

86.0
80.3
74.8
68.8
65.2
60.0

1991 1996 2001 2006 2011 2016 2021(년)

10만 원을 내야 구입할 수 있다.

　한편 〈그림 1-3〉은 1991년부터 2021년까지 독일의 소비자물가지수가 어떻게 달라졌는가를 보여준다. 이 기간에 독일의 소비자물가지수는 100에서 166.6으로 올라갔다. 이것은 매년 물가가 평균 1.72% 더 비싸졌음을 뜻한다. 따라서 독일의 물가상승률은 중앙은행의 목표치를 약간 밑돌고, 이 정도면 독일은 지난 30년간 "물가가 안정되었다." 고 말할 수 있다. 2015년에서 2020년까지는 물가상승률이 더 낮았다. 이 5년 동안 독일의 물가는 매년 평균 1.14%밖에 오르지 않았다.

　그러나 인플레이션율이 이렇게 낮음에도 불구하고, 독일 역시 시간이 갈수록 돈의 가치는 떨어지고 있다. 〈그림 1-3〉의 아래 곡선은 유로(1999년에 유로화를 도입하기 전까지는 독일 마르크화)의 누적 가치상실을 보여준다.

이 30년 동안에 물가가 안정되었다고 볼 수 있는 독일에서도 돈의 값어치는 40%나 떨어졌다. 어떤 제품의 값이 1991년에 60유로였다면 이제 그것을 사기 위해 우리는 100유로를 내야 한다. 연간 인플레이션율 1.72%는 그다지 높게 보이지 않지만, 1991년 이후 화폐가치는 이로 말미암아 1/3 이상 떨어졌음을 우리는 알 수 있다.

이러한 전반적인 장기적 통화 평가절하 현상과 대조적인 추세를 보이는 나라가 바로 일본이다. 일본에서는 1971년 이후 물가가 160% 밖에 오르지 않았을 뿐만 아니라, 1990년대 중반 이후에는 오히려 떨어지는 경향을 보였다. 심지어 인플레이션이 본격적으로 심해지기 시작한 후인 2022년 2월에도 미국의 물가상승률은 8.5%로 올라갔지만, 일본의 인플레이션율은 0.2%에 지나지 않았다. 2022년 전체의 상승률도 2% 정도로 예상하고 있다.

하지만 이렇게 낮은 인플레이션, 즉 디플레이션이 일본의 경기 침체와 함께 나타나고 있기 때문에 이것은 일본으로서는 무척 달갑지 않은 현상이다. 왜냐하면 경제가 성장하지 않거나 성장률이 지나치게 낮으면 국민들의 소득이 올라가지 않고, 새로운 일자리가 생겨나지 않으며 혁신하려는 활력도 떨어지기 때문이다. 그러나 인플레이션율이 걷잡을 수 없이 높아지면 위험해진다. 1970년대에는 인플레이션과 낮은 경제성장 또는 마이너스 성장이 함께 나타나곤 했는데, 이것은 그야말로 최악의 조합이다. 왜냐하면 국민들의 실질 구매력과 생활수준이 모두 떨어지기 때문이다. 이것이 바로 스태그플레이션(stagflation)이다.

화폐가치와 상품가치

그러면 적정수준 이상으로 높은 인플레이션율은 어째서 그렇게 위험한가? 여기서 우리는 인플레이션의 본질을 이해하기 위해 잠시만 샛길로 빠지기로 한다. 인플레이션의 어원은 라틴어 '인플라레(inflare)'인데, 이 말의 뜻은 '부풀리다, 넓히다, 확대하다' 등이다. 우리는 흔히 인플레이션이 오면 물건이 더 비싸진다고 생각한다. 그러나 실제로는 그렇지 않다. 물건이 비싸지는 것이 아니라 돈의 값어치가 떨어지는 것이다. 바꿔 말하면, 화폐의 아주 중요한 기능의 하나는 '가치의 보관'인데 돈이 그 기능을 잃는 것이다.[1]

우리가 상품가치를 금(gold)이 아닌 이른바 '피아트화(fiat money)'로 측정하면 이 말의 뜻이 명확해진다. 구약성서의 첫 장인 〈창세기〉를 보면 조물주가 "빛이 있으라."는 말을 하면서 무(無)에서 이 세상을 창조했다고 한다. 이 말이 라틴어로는 "피아트 룩스(Fiat Lux)"(영어로는 'let there be light')다. 마찬가지로 현대사회에서는 중앙은행이 '무에서' 돈을 만들어내고, 얼마든지 화폐 발행량을 늘릴 수 있다. 이렇게 구약성서에 나오는 '피아트'라는 말과 돈(money)을 합쳐서 만들어낸 합성어 '피아트화'는 중앙은행에서 찍어낸 화폐를 가리킨다.

인플레이션은 궁극적으로 너무 많은 돈이 너무 적은 양(quantity)의 상품을 만나기 때문에 생겨난다. 반면 임의로 공급을 늘릴 수 없는 금의 경우에는 가치관계가 전혀 다르다. "당신은 금 1온스로 오늘 빵 300덩어리를 살 수 있으며, 예수 그리스도가 살아계신 시절에도 마찬가지였습니다."라고 세계적인 보석상 프로 아우룸(Pro Aurum)의 우베 베르골트(Uwe Bergold)가 말했다고 한다.[2]

2,000년 전, 고대 로마에서는 손님의 체격에 맞춰 재단한 튜니카(tunica)라는 옷 한 벌의 값이 대충 금 1온스 정도였다고 한다. 오늘날 우리도 금 1온스로 맞춤복 한 벌을 살 수 있다.[3] 즉, 금으로 환산한 옷값은 지난 2,000여 년 동안 거의 달라지지 않은 것이다. 빵도 마찬가지다. 이렇게 시간이 많이 지났어도 상품의 값어치가 변하지 않았다는 말은, 물론 (상품의) 효용이 오랜 세월에 걸쳐 크게 달라지지 않은 제품에만 들어맞는다. 증기기관차나 계산자(slide rule)처럼 이미 낡아서 오늘날 아무 쓸모가 없는 제품들에는 적용되지 않는 말이다.

인플레이션으로 말미암아 변하는 것은 피아트화의 가치다. 즉, 피아트화의 값어치가 줄어드는 것이다. 이러한 논의를 바탕으로 우리는 재무관리와 현금관리를 위한 구체적인 방안을 13장에서 제시할 것이다.

인플레이션은 어디서 시작되었나?

2021년, 인플레이션의 망령이 돌아왔다. 그리고 이것은 시간이 갈수록 더욱 심해지고 있다. 2022년 7월의 세계 주요 나라의 연간 인플레이션율은 다음과 같다.

- 미국 8.5%
- 한국 6.3%
- 독일 7.5%
- 일본 2.6%

아마도 이번 인플레이션은 꽤 오랜 기간 지속될 것이고, 1970년대에 일어났던 스태그플레이션의 늪에 빠질 가능성도 완전히는 배제할 수 없다. 당시에는 1973년과 1978년에 일어난 석유위기가 스태그플레이션을 일으켰지만, 2020년대의 인플레이션은 그 원인이 하나가 아니고 다음과 같이 여러 가지다.

- 2008년부터 2010년까지 있었던 세계 금융위기의 여파
- 코로나19라는 예상치 못한 역병의 발생, 그리고 그로 말미암은 화폐공급의 증가
- 무역분쟁, 특히 미국과 중국의 갈등
- 세계 공급망(global supply chain)의 부분적인 붕괴
- 끝으로, 2022년 2월 급작스레 터진 우크라이나 전쟁 위기

이 모든 요인이 에너지·원자재·식품 등의 가격에 영향을 줌과 동시에

그것이 연쇄반응을 일으키면서 다른 제품, 서비스들도 영향을 받았다.

'고삐 풀린 코뿔소'가 방에 들어왔다

우리가 지금 겪고 있는 인플레이션이 일시적인 현상이냐 아니면 오래 갈 것이냐 하는 것은 중요한 문제다. 2021년에 처음 물가가 오르는 기미가 있었을 때, 특히 중앙은행들이 나서서 '일시적인 현상'이라고 주장한 바 있다. 그때는 많은 거시경제학자들도 똑같이 이야기했었다. 그들이 그렇게 생각한 까닭은, 이것이 코로나19가 퍼지고 세계 공급망이 막히고 교란됨으로 말미암아 빚어졌다고 보았기 때문이다. 그래서 이런 요인들이 사라지면 인플레이션 압박도 줄어들 것이라고 그들은 내다보았다.

그러나 2022년 연초 이후 "인플레이션이 오래 계속될 것"이라고 보는 목소리가 더 커지기 시작한다. 예를 들어, 스위스 바젤에 있는 국제결제은행(Bank for International Settlements, 이하 BIS)의 아구스틴 카르스텐스(Agustin Carstens) 회장은 이렇게 말한다.

"우리는 지금 새로운 인플레이션 시대의 문턱에 서 있습니다. 높은 인플레이션의 배후에 있는 여러 요인은 상당 기간 힘을 발휘할지도 모릅니다."[4]

도이치은행(Deutsche Bank)의 최고투자책임자(Chief Investment Officer, CIO)는 조금 더 실감나게 말을 한다.

"고삐 풀린 코뿔소가 방에 있어요. 이것을 잡기 어려울지 모릅니다."[5]

같은 은행의 이사회 임원 칼 폰 로르(Karl Von Rohr)는 연간 인플레이션율이 10%에 달할 수도 있다고 보았다.[6] 이처럼 앞을 내다보는 경제학자들은 이러한 사태를 벌써 오래전부터 예측하고, 인플레이션의 복귀를 정확히 다룬 저서들을 내놓은 바 있다.[7]

이 책들은 거시경제 관점에서 인플레이션 문제를 더 깊이 파고들기 원하는 독자들에게 추천할 만하다. 2022년 봄 경제학자 한스-베르너 진(Hans-Werner Sinn)은 자신의 예측을 다시 한번 이렇게 확언한다.

"인플레이션은 왔습니다. 그리고 그것은 계속 이곳에 머무를 것입니다."[8]

그가 이렇게 생각하는 근거는 다음과 같다.

"독일에서 생산자 가격이 전년에 비해 25.9%나 올랐는데, 이러한 가격상승의 여파가 가치사슬의 끄트머리에 있는 최종 소비자들까지 미칠 때까지는 시간이 좀 걸릴 것이다."

실제 독일의 생산자 가격은 곡물은 전년 대비 33%, 감자는 88%, 그리고 우유는 30% 올랐다고 한다.[9] 이러한 상황을 맞이하여 노동조합이 맨 먼저 요구하는 것은 뻔하다. 독일 최대의 단일 노동조합 금속노조(IG Metall)는 2022년 초 8.2%의 임금인상을 요구했다.

이에 못지않게 중요한 것은 엄청나게 풀린 돈이 단기간에 많이 회수되지 않을 것이라는 사실이다. 각국의 중앙은행들이 금리를 올리면 새로운 위험에 부딪힐 것이라고 보고, 금리인상에 대해 매우 소극적이기 때문이다. 그래서 이제 인플레이션 신호등은 짙은 빨간색이다.

1. 인플레이션 망령이 돌아왔다

경영자는 물론이고 가격문제에 책임을 지고 있는 이라면 누구나 경고 신호에 주의를 기울여야 한다.

이러한 상황에서 경영자는 치명적인 잘못을 저지를 수도 있지만, 한편 재빨리 움직이고 올바른 행동을 취함으로써 큰 불편을 상대적으로 덜 겪고 어려움에서 벗어날 수도 있다. 이 책에서 우리는 지금의 현상을 더 깊이 파고들고, 가격과 인플레이션에 관해 흔히들 하는 피상적이고 현란한 말을 넘어서는 알짜 도움말을 제시하려고 한다. 바람직스럽지 않은 보기의 하나로, 우리는 기업이 생각 없이 원가상승분을 고객에게 전가하는 행위를 언급하고 싶다. 기업이 제대로 의사결정을 내리기 위해서는 원가, 가격, 그리고 인플레이션의 상호관계를 철저히 이해해야 할 뿐만 아니라, 타이밍을 정하거나 시행계획을 짤 때 필요한 지혜도 단계별로 갖추어야 한다.

에너지, 식품부터 시작되는 가격상승

인플레이션은 기본적으로 모든 업종에 영향을 미친다. 소비자물가지수는 이러한 전반적인 추세를 반영한다. 그러나 기업은 이것을 결정적인 지표로 삼으면 안 된다. 오히려 각 기업이 처해 있는 구체적 상황에서 힘을 발휘하는 특정 요인들이 기업의 관점에서는 더 중요하다. 다음 사례들을 보면 이 말의 뜻을 알 수 있다.

인플레이션이 올 때 물가상승이 가장 먼저 피부에 와닿는 분야는

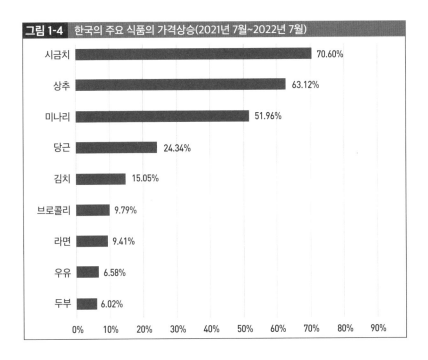

그림 1-4 한국의 주요 식품의 가격상승(2021년 7월~2022년 7월)

시금치	70.60%
상추	63.12%
미나리	51.96%
당근	24.34%
김치	15.05%
브로콜리	9.79%
라면	9.41%
우유	6.58%
두부	6.02%

에너지와 식품이다. 실제로 우리는 이 두 부문에서 값이 유난히 뛰고 있는 현상을 보았다. 2022년 7월, 한국의 석유류값은 전년 대비 무려 35.1%나 올랐다. 경유는 47%, 휘발유는 25.5%, 등유는 80%, 자동차용 LPG는 21.4%가 각각 올랐다. 또 전기·가스·수도의 가격도 전년 대비 15.7% 뛰었다. 전기료(18.2%), 도시가스(18.3%), 지역난방비(12.5%) 등의 상승폭이 컸다. 〈그림 1-4〉는 2021년 7월과 2022년 7월 사이에 우리나라 주요 식품값이 얼마나 올랐는가를 보여준다. 이러한 식품류의 가격상승률은 일반 소비자물가지수의 상승률보다 훨씬 높다. 식품류 전체의 가격상승률은 7.1%였다.

즉, 식품류 전체의 가격상승률(7.1%)은 〈그림 1-4〉에 있는 주요 식품의 가격상승률과 비교하면 상당히 낮다. 예를 들어, 같은 기간에 쌀은 14.34%, 콩은 12.4%, 사과는 12.98% 각각 값이 떨어졌다. 심지어는 싼값을 주무기로 하는 이마트 같은 대형할인점도 거대한 인플레이션의 물결을 피할 수는 없었다. 〈그림 1-5〉는 최근에 이마트의 주요 자체 개발 상품(PB상품)의 값이 어떻게 달라졌는가를 보여주고 있다.

지금까지 보았듯이 가격상승률은 제품에 따라 크게 다르며, 또한 업종에 따라서도 큰 차이가 난다. 예를 들어, 테슬라(Tesla)는 2022년 4월 모델3의 정가를 4만 2,990유로에서 4만 9,990유로로 올린 바 있다.[10] 즉, 자동차값을 한꺼번에 16.3%나 올린 것이다. 그런데 독일 고객들의 경우에는 추가로 전기차에 대한 환경보조금이 9,000유로에서 7,500유로로 1,500유로 줄어들었다. 이 둘을 합치면, 테슬라 구매자는 지금까지 환경보조금을 빼고 3만 3,990유로를 내면 살 수 있었던 전기차를 이제는 4만 2,490유로를 내야 한다. 그의 관점에서는 값이 25%나 오른 것이다.

전기차 시장의 바닥에 있는 다치아 스프링(Dacia Spring)의 정가는 2022년 초에 2만 940유로였다. 환경보조금을 빼면 구매자는 1만 1,000유로만 내면 된다(차종에 따라 보조금이 다르다). 이러한 초저가 덕분에 주문이 하도 몰려 다치아는 2022년 초 일시적으로 신규 주문을 받지 않기로 했다.[11]

이것 역시 인플레이션이 빚은 현상이다. 다치아 모델이 비록 테슬라 모델3과 직접적인 경쟁관계는 아니지만, 비싼 제품의 값이 오르면

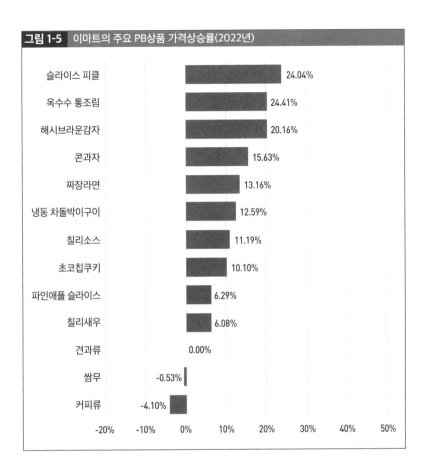

그림 1-5 이마트의 주요 PB상품 가격상승률(2022년)

품목	가격상승률
슬라이스 피클	24.04%
옥수수 통조림	24.41%
해시브라운감자	20.16%
콘과자	15.63%
짜장라면	13.16%
냉동 차돌박이구이	12.59%
칠리소스	11.19%
초코칩쿠키	10.10%
파인애플 슬라이스	6.29%
칠리새우	6.08%
견과류	0.00%
쌈무	-0.53%
커피류	-4.10%

상당수의 소비자들은 한결 더 싼 제품을 고르기 마련이다.

지금까지의 분석을 바탕으로 우리는 몇 가지 결론을 내릴 수 있다. 식료품 등의 생필품이나 휘발유 같은 에너지의 급격한 가격상승은 소비자에게 크나큰 부담을 준다. 또 우리가 앞에서 보여준 여러 사례에

1. 인플레이션 망령이 돌아왔다

서 알 수 있다시피, 일반적인 인플레이션율은 기업이 의사결정의 근거로 삼기에는 적합하지 않다. 앞서 제시한 몇몇 품목의 가격상승률은 일반적인 인플레이션율보다 훨씬 더 높다. 따라서 어떤 제품과 서비스는 그 가격상승률이 일반적인 상승률보다 한결 더 낮거나 심지어는 값이 떨어지기도 할 것이다. 그래서 기업이 평균값만을 고려하면 그릇된 길로 빠질 수 있다.

이렇게 제품 또는 업종마다 가격상승률이 크게 다르면 경우에 따라 경쟁구도가 대폭 바뀔 수 있다. 결국 경영자는 자신이 관리하는 제품 하나하나의 가격변동 추세와 그 추세의 배후에 있는 힘, 즉 가격동인(price driver)을 이해할 필요가 있다. 그래야만 개별제품에 대한 올바른 결정을 내릴 수 있다.

간추림

지난 10년은 상대적으로 가격이 안정되었던 시기였다. 하지만 그 안정의 시기는 지나고 이제 인플레이션의 망령이 다시 우리 곁에 왔다. 이 장의 핵심내용을 간추리면 다음과 같다.

아무리 인플레이션율이 낮더라도 장기적으로 보면 돈의 값어치가 크게 떨어지고 있다. 미국에서는 1971년 이후 달러의 가치가 85%나 떨어졌으며, 한국과 독일에서는 1991년 이후 화폐가치가 각각 59% 그리고 40% 떨어졌다.

낮은 인플레이션율과 지속적인 경제성장의 조합은 매우 바람직스럽다. 이것은 디플레이션(낮은 인플레이션)과 경제침체(stagnation)의 조합보다 훨씬 더 나은 대안이다.

2021년 이후 갑자기 물가가 뛰기 시작했으며, 급기야는 1970년대 이후 가장 높은 물가상승률을 기록했다.

이러한 급격한 물가상승의 요인은 여러 가지다. 이 가운데 몇몇의 영향이 일시적인 것으로 그친다고 해도, 이번 인플레이션은 꽤 오랫동안 지속될 것이다. 왜냐하면 엄청나게 불어난 화폐공급을 급격히 줄일 수 없기 때문이다.

몇몇 제품의 사례를 분석해본 결과, 가격상승률은 제품에 따라 크게 다름을 알게 되었다. 그런 만큼 경영자는 각 제품이 처해 있는 구체적인 상황을 검토하고 그에 맞게 '인플레이션을 이기는 전략'을 세워 빠르게 조치해야 한다. 이때 '평균 가격상승률' 같은 평균치는 의사결정의 준거로 적합하지 않다.

1. 인플레이션 망령이 돌아왔다

②

인플레이션의 피해자와 수혜자

인플레이션은 누구에게 영향을 주는가? 누가 타격을 받는가? 간단히 대답하면 '모든 사람'이다. 즉, 소비자와 기업은 말할 것도 없고 국가도 물론 인플레이션의 영향을 받는다. 그러나 어떻게 또 어느 정도 영향을 받는가는 각자가 처해 있는 상황에 따라 다르다. 한마디로 말해, 인플레이션의 피해자가 있고 반면에 수혜자도 있다.

구매력이 약하기 때문에 비싸진 생필품을 조달하는 데 어려움을 겪는 소비자들은 피해자 집단에 속한다. 한편 경제적 여유가 있어서 생활에 꼭 필요하지 않은 것은 사지 않아도 되는 소비자들은 물가가 올라도 상대적으로 타격을 덜 받는다. 채무자들도 인플레이션의 덕을 본다. 왜냐하면 그들은 실질 가치가 떨어진 돈으로 빚을 갚기 때문이다. 반면 채권자들은 손해를 본다. 그들이 받아야 할 돈의 실질 가치가 떨어지기 때문이다.

강한 가격결정력(pricing power)을 가진 기업은 원가상승분을 고객에게 전가할 수 있지만, 가격결정력이 약한 회사는 오른 원가를 흡수하여 이익을 줄이거나 심지어는 적자를 감수해야 한다. 석유·철광석 등의 원료를 채굴하는 회사들도 가격상승의 덕을 본다. 예를 들어, 영국의 석유 회사 BP는 2020년 1분기에 '예외적인 가격' 덕분에 이익이

갑절 이상 늘었으며, 이것은 지난 10년을 통틀어 이 회사의 가장 좋은 실적이었다고 한다.[1]

기업과 경영자는 인플레이션을 어떻게 방어하는가?

인플레이션이 오면 기업들은 어떻게 영향을 받는다고 느끼고 또 어떻게 행동하는가? 독일의 세계적인 컨설팅 회사 지몬-쿠허(Simon-Kucher)는 인플레이션이 시작될 즈음에 367개의 독일 회사를 상대로

그림 2-1 인플레이션이 시작된 2022년 2월 이후의 독일 회사들의 가격행동		
인플레이션에 대한 반응	산업재 n=263	소비재 n=104
이미 값을 올렸다	46%	59%
원가상승분을 가격에 반영시킨다	41%	38%
경영효율을 높임으로써 원가상승분을 상쇄시킨다	17%	28%
고객집단에 따라 다양하게 값을 조정한다	66%	51%
상당한 판매감소가 예상되면 값을 올리지 않는다	27%	36%
해마다 여러 차례에 걸쳐 값을 올린다	24%	25%
가격조정조항이 있다(10장 참고)	20%	해당 없음

출처 : 지몬-쿠허, 2022년

조사하며 이 문제를 파고들었다. 이 회사들 가운데 29%는 소비재 회사고, 나머지는 산업재를 생산하는 회사다.[2] 〈그림 2-1〉은 그 결과를 보여주고 있다.

이 조사결과에 따르면 원가가 오르면 기업들은 값을 올리기도 하고 또 전반적인 경영효율을 높여 원가상승 효과를 상쇄한다. 산업재 회사의 경우는 58%가(41%는 값을 올리고, 17%는 효율을 높인다), 그리고 소비재 회사의 66%가(38%는 값을 올리고, 28%는 효율을 높인다) 이렇게 대처한다.

또 하나의 중요한 결과는 기업들이 대체로 고객집단에 따라 차별적으로 값을 조정한다는 사실이다. 값을 올리면 판매가 크게 줄어들까 봐 무서워서 감히 값에 손을 대지 못하는 회사가 뜻밖에 많다. 그 비율이 산업재의 경우에는 1/4이 넘고, 소비재 분야에서는 1/3도 넘는다. 조사 대상 기업들의 약 1/4은 인플레이션을 맞아 1년에 여러 번 값을 조정한다. 나중에 다시 이야기하겠지만, 이것은 매우 현명한 대처방식이다.

인플레이션 경험이 없다는 심각한 결점

인플레이션 망령이 돌아오는 바람에 기업들과 그 경영진은 엄청난 그리고 익숙하지 않은 도전을 맞이하고 있다. 이 말은 영업과 마케팅처럼 시장을 담당하는 부서뿐만 아니라 전략기획·재무·회계·생산·구매 같은 다른 부문에도 똑같이 적용된다. 그런데 한 가지 큰 문제는 현재 기업을 이끌어가고 있는 경영진 세대는 인플레이션 경험이 거의 없다는 사실이다. 그래서 미국의 경영 구루 램 차란(Ram Charan)은 이렇게 경고했다.

"거의 두 세대의 경영자들이 글자 그대로 인플레이션 환경에서 기업을 경영하는 것이 어떤 것인지 전혀 모르고 있다."

그는 또 이렇게 덧붙인다.

"인플레이션이 현금을 먹어치우고 마진을 갉아먹는데도, 부풀어진 매출액 때문에 경영자는 그릇된 안전감(sense of security)에 빠지기 십상이다. 회사가 처한 상황은 급격히 악화될 수 있으며, 그 결과 경영권을 뺏기거나 파산할 수 있다."[3]

또 어느 자동차산업 전문가는 부품 납품 업계에 대해 이렇게 말한 적이 있다.

"이 산업은 30년간 가격인하 방안만 개발해왔습니다. 그들은 값을 올리는 쪽으로는 생각해본 적이 없습니다."

우리가 지금 겪고 있고 또 앞으로 상당 기간 지속될 것으로 보이는 급격한 물가상승과 비슷한 현상은 40~50년 전에 있었다. 1972년과 1981년 사이의 연간 인플레이션율과 2012년과 2021년 사이의 연간 인플레이션율을 비교하는 〈그림 2-2〉는 이 사실을 잘 보여주고 있다.

우선 평균값을 놓고 보면, 1970년대의 평균 인플레이션율은 4.81%고 2010년대에는 1.27%다. 즉, 과거에는 거의 4배 가까이 더 높았던 것이다.[4] 이 그림이 극적으로 보여주다시피, 1970년대에 기업들은

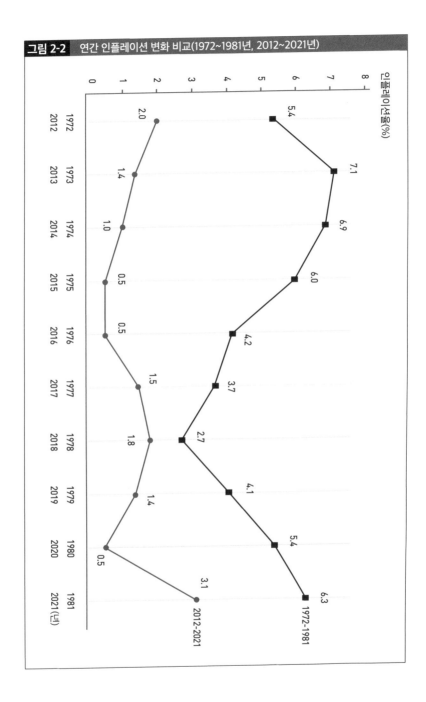

그림 2-2 연간 인플레이션 변화 비교(1972~1981년, 2012~2021년)

2 인플레이션의 피해자와 수혜자

지난 10년과는 전혀 다른 환경에서 경영활동을 했다. 그러나 그 당시의 경험이 오늘날의 기업 세계에는 존재하지 않는다. 그 시절에 회사를 이끌었던 기업 지도자들은 이미 오래 전에 현직에서 물러났고, 현재의 경영진 세대는 스스로 인플레이션에 시달려본 적이 없다.

물론 가격전가, 가공이익(fictitious profit)[5] 등의 토픽을 깊이 다룬 1970년대에 출간된 여러 경영 전문서를 참고할 수 있을 것이다.[6] 그러나 그런 책을 아무리 많이 읽어도 실제 경험을 대체할 수는 없다. 또 경영자들은 현재 인플레이션이 창궐하고 있는 나라들의 사정을 참고할 수도 있다. 극단적인 사례는 튀르키예(터키)다. 2022년 튀르키예의 연간 통화가치 하락은 50%를 웃돌고 있다고 한다.[7]

게다가 1970년대의 경험을 오늘날의 상황에 적용할 수 있는 여지는 실제로 그다지 크지 않다. 당시에는 1973년과 1978년에 있었던 석유위기가 인플레이션의 주요 원인이었고, 치솟는 석유값이 물가를 자극하고 물가상승은 또 임금상승으로 이어지면서 사태가 더 악화되었다. 1장에서 독일의 금속노조가 8.2%의 임금인상을 요구했다고 언급한 바 있는데, 이러한 요구는 (물가가 오를 것이라는) 기대감과 임금, 가격이 서로 영향을 주면서 이 셋이 모두 올라가는 현상의 전조(前兆)인 듯하다.

그러나 1장에서 논의했다시피, 이번 인플레이션의 요인은 하나가 아니고 여럿이다. 그뿐 아니라, 지난 50년간 시장환경은 그야말로 근본적으로 달라졌다. 디지털화, 세계화, 유럽시장의 통합(유럽연합), 북미를 비롯한 세계 곳곳의 경제자유구역(free trade zone), 경제대국으로서의 중국의 부상 등이 달라진 시장환경의 주요 특징이다. 뒤에서 이러한 주요 영향 요인들을 더 자세히 다룰 것이다.

소비자는 인플레이션에 어떻게 대응하나?

1장에서 몇몇 품목의 엄청난 가격상승률을 살펴보았는데, 이러한 물가급등은 모든 소비자에게 크나큰 어려움을 안겨준다. 특히 소득이 낮은 소비자들은 더더욱 이런 사태를 감당하기 힘들다. 또 에너지 가격이 오르면 자기 차량으로 매일 집에서 멀리 떨어진 직장으로 출근하는 통근자들도 큰 타격을 받는다.

그러면 소비자들은 어떻게 대응할 수 있는가? 우선 당장 필요하지 않은 물품은 모두 사지 않는 길을 택할 수 있다. 휴가도 포기하고 외식 횟수도 줄일 것이다. 지금 사용하는 구형 TV를 더 오래 쓸 수도 있다. 두 번째 대응방식은 더 싼 제품을 사는 것이다. 약간의 불편을 감수하면서 절약할 수 있다. 예를 들어, 자동차를 살 때 값이 싼 모델을 고르고, 휴가 때 더 싼 호텔에 머문다. 사소하게는 집 안 실내온도를 낮추거나 자차 대신 대중교통을 이용할 수 있다. 이렇게 하면 당연히 소비자가 누리는 편익이 줄어들고, 그가 쓰는 제품과 서비스의 품질도 낮아질 수밖에 없다. 또 물가상승률이 아주 높으면 소비자들은 '공급부족'이라는 유쾌하지 않은 사태를 경험하게 된다. 2022년 3월, 식료품 가격이 30% 이상 오른 스리랑카에서는 이런 보도가 있었다.

"더 이상 밀가루가 없습니다. 우유도 없습니다. 아직 남아 있는 것은 상인들이 내놓지 않습니다. 왜냐하면 그들은 값이 더 오를 것이라고 믿기 때문입니다."[8]

2차 세계대전이 끝나고 3년이 지난 1948년, 패전국 독일에서도 비슷한 현상이 있었다. 그해 여름 (통일되기 전의) 서독지역을 통치하고 있던 미국·영국·프랑스는 화폐개혁을 추진하고 있었다. 기존의 통화, 즉 '라이히스마르크(Reichsmark)'가 아직 통용되고 물가가 뛰고 있을 때는 모든 가게의 진열창이 텅텅 비어 있었다. 상인들이 물건을 내놓지 않았기 때문이다. 그러다 1948년 7월 21일 드디어 새 통화 독일 마르크

그림 2-3 독일 소비자들의 인플레이션 대응 전략(2022년 4월 조사)

인플레이션에 대한 대응	%
쇼핑할 때 예전보다 더 값에 신경 쓴다	54
집에서 난방 온도를 더 낮춘다	47
더 절약하며 살려고 노력한다	45
자동차를 덜 운행한다	37
휴가를 덜 즐긴다	18
대중교통 수단을 더 자주 이용한다	13
소비 행동을 바꾸지 않는다	17

출처: 〈프랑크푸르터 알게마이네 차이퉁〉, 2022년 4월 18일 자

(Deutsche Mark, DM)가 도입되자, 언제 그랬냐는 듯이 가게마다 진열대가 순식간에 각종 상품으로 가득 찼다.

소비자들이 어떤 길을 가건 상관없이 인플레이션은 그들의 실질 구매력을 떨어뜨린다. 그래서 소비자들이 얻는 편익은 줄어들고, 그들은 더 큰 노력을 기울일 수밖에 없다. 독일의 어느 여론조사 기관은 2022년 봄에 소비자들이 인플레이션에 어떻게 대처하는가를 알아보기 위한 설문조사를 실시했다. 〈그림 2-3〉은 그 결과를 보여준다. 그런데 이 그림은 응답자들의 구두 답변을 바탕으로 한 것이므로 소비자들이 실제로 이 결과대로 행동한다고는 말할 수 없다. 하지만 제품 범주에 따라 인플레이션의 영향을 받는 정도가 크게 다르다는 점과, 소비자들도 그에 따라 대응전략을 달리한다는 사실을 알 수 있다. 그러므로 기업이 값을 올릴 기회나 여지도 제품에 따라 크게 다르다고 볼 수 있다.

금부터 비트코인까지, 인플레이션을 이기는 투자?

많은 소비자가 인플레이션으로 말미암아 자신들이 저축해놓은 돈의 가치가 떨어지는 것을 심각하게 받아들이고 있다. 우리나라는 1953년 2월 17일, 그리고 1962년 6월 10일에 화폐개혁을 단행한 바 있다. 독일도 20세기에 2번의 통화개혁을 경험한 나라다. 이렇게 화폐개혁을 경험한 나라의 국민들은 저축액의 가치하락에 더욱 민감할 수밖에 없다. 인플레이션 시기에는 대체로 다음의 말이 맞다고 우리는 생각한다.

"물가가 아주 많이 올랐기 때문에 통상적인 투자상품으로는 그것을 이기기 힘들다."[9]

고정 저금리 금융상품에 비해 부동산과 주식은 상대적으로 어느 정도 인플레이션으로부터 보호된다고 볼 수 있다. 우리나라의 자가주택 보유율은 60.6%다. 미국은 63%, 독일은 50%, 프랑스는 64%, 네덜란드는 69%이다.[10] 또 2022년 3월 현재 우리나라의 주식 보유 인구는 1,384만 명이었고, 가구 수는 2,144만이었다.

만일 평균적으로 한 가구당 1명이 주식을 갖고 있다고 가정하면 우리나라 총 가구의 64.5%가 주식을 갖고 있다고 말할 수 있다. 그러나 한 가구에서 복수의 구성원이 주식을 갖고 있는 경우가 매우 많으므로, 주식을 가진 가구의 비중은 이보다 훨씬 낮을 것이다. 참고로 주식을 갖고 있는 가구의 비율은 미국이 25%, 독일은 6%, 일본은 25%, 네덜란드는 30%이다.[11] 독일 사람들이 유난히 주식투자에 소극적임을 알 수 있다.

또 2022년 8월 26일 자 〈조선일보〉 기사에 따르면, 2021년 말 기준 한국의 가계자산 구성 중 예적금 등 금융자산 비율은 35.6%이었다. 나머지는 부동산을 비롯한 비금융자산이다. 미국은 금융자산 비율이 71.5%고, 일본은 63%, 영국은 53.8%로, 다른 나라들의 경우는 그것이 절반이 넘는다는 점을 감안하면 낮은 편이다. 또 한국 가계의 금융자산에서 주식이 차지하는 비율은 최근 2년간 5%p가량 늘어난 것으로 집계되었다고 한다.

전체적으로 우리나라 국민은 금융자산보다는 부동산을 훨씬 더 많이 갖고 있고, 주식 보유 인구는 비교적 많은 편이며 그 비중도 늘고 있다. 이렇게 겉으로 드러난 자료만 보면 어느 정도 인플레이션으로부터 보호된다고 말할 수 있지만, 주택보유자의 상당수가 빚을 내서 집을 장만했으므로 이들의 상황은 그리 만만치 않다. 우리나라의 가계부채는 약 1,869조 원이고, 2022년 1분기 기준 국내총생산(GDP) 대비 가계부채 비율은 104.3%로 주요 선진국 가운데 가장 높다. 게다가 금리가 오르고 있는 상황이니 한국인들의 인플레이션에 대한 저항력은 결코 강하다고 볼 수 없다. 더구나 최근에 주식값도 많이 떨어지는 추세라서 인플레이션에 대한 불안감은 더욱 커지고 있다.

그러면 비교적 안전하다고 여겨지는 금에 대해서는 한국 투자자들이 어떻게 행동하고 있는가? 한국은행은 104t의 금을 보유하고 있으며 이것은 세계 34위다. 1위는 미국이고 2위는 독일이다. 한국의 투자자들은 인플레이션을 맞아 금에 대한 투자를 늘리고 있는 것으로 보인다. 2022년 상반기에 15.5t의 금을 사들였는데, 이는 전년 대비 40.3% 늘어난 것이다.

또 한국 투자자들은 암호화폐에도 관심을 갖고 있다. 2022년 8월 기준으로, 한국은 전체 인구의 3.88%인 200만 명이 암호화폐를 보유하고 있는데, 이것은 많은 다른 나라에 비해 그다지 높은 비율은 아니다. 그리고 〈그림 2-4〉에서 보다시피 미국·독일·프랑스·일본 등의

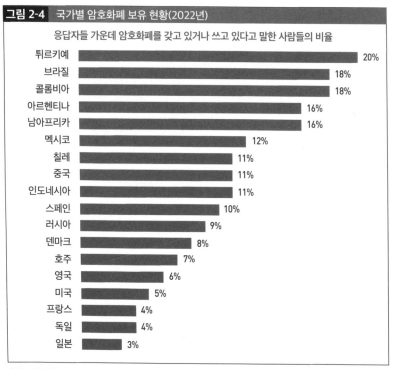

그림 2-4 국가별 암호화폐 보유 현황(2022년)

응답자들 가운데 암호화폐를 갖고 있거나 쓰고 있다고 말한 사람들의 비율

국가	비율
튀르키예	20%
브라질	18%
콜롬비아	18%
아르헨티나	16%
남아프리카	16%
멕시코	12%
칠레	11%
중국	11%
인도네시아	11%
스페인	10%
러시아	9%
덴마크	8%
호주	7%
영국	6%
미국	5%
프랑스	4%
독일	4%
일본	3%

출처 : 지몬-쿠허, 2022년

선진국에서도 암호화폐 보유비율은 대체로 5%를 밑돌고 있다.

그러면 암호화폐는 과연 효과적인 인플레이션 대항수단일까? 이 물음에 대해 긍정적으로 대답하는 사람들은, 특히 비트코인(Bitcoin)을 좋게 생각한다. 그들은 비트코인의 총 발행량이 2,100만 개로 한정되어 있고, 그 밖에도 그것이 가진 몇 가지 특징 때문에 비트코인의 전망을 밝게 본다. 그래서 그들은, 예를 들어 이렇게 말한다.

"비트코인은 장기적으로 가치를 디지털로 보관하는 하나의 대안으로서 점점 더 널리 받아들여지고 있으며, 이것은 금과 비슷하게 인플레이션에 대처하는 속성을 갖고 있다."[12]

또 이더리움(Ethereum)도 주목을 끌고 있다. 많은 이들은 심지어 이더리움을 비트코인보다 더 나은 가치보관 수단으로 본다.[13] 그러나 암호화폐는 변동성(volatility)이 높고, 그래서 적어도 단기적으로는 보관가치를 보존하지 못한다. 그런 의미에서 이것은 인플레이션으로부터의 (단기적) 보호기능이 약하다고 말할 수 있다.

그런데 〈그림 2-4〉에서 보다시피, 튀르키예나 브라질처럼 물가상승률이 높은 나라의 국민들은 암호화폐 보유비율이 최고 수준이고, 독일이나 일본같이 상대적으로 인플레이션율이 낮은 나라에서는 최저 수준이다. 이것은 소비자들이 실제로 암호화폐를 인플레이션으로부터의 보호수단으로 보고 있음을 시사한다. 물론 돈세탁 또는 조세포탈 등의 다른 이유도 있을 수 있다.

개인의 자금조달이 어려워지면 일어나는 일

인플레이션은 개인의 자금조달에 심각한 영향을 미친다. 미국에서는 인플레이션이 시작된 이후 주택융자 금리(mortgage rate)가 지난 10년 동안의 최고 수준으로 치솟았다.[14] 이러한 금리상승은 소비자가 집을 사려고 할 때 크나큰 어려움을 준다. 이자율이 높아지면 또한 자동차 리스 비용과 (할부로 살 때의) 매달 납입금도 올라간다.

2 인플레이션의 피해자와 수혜자

캐나다에서는 주택담보 융자는 3년에서 5년까지만 고정금리로 받을 수 있다. 그래서 우리가 아는 어떤 분은 3년 전에 매우 낮은 금리로 융자를 받아 집을 샀는데, 고정금리 기간이 끝나면 크게 늘어날 재정적 부담을 걱정하고 있다. 저금리 대출금을 다시 조달해야 한다면, 많은 소비자가 매우 힘든 상황에 부딪힐 것이다. 이러한 개인의 자금 조달 어려움으로 말미암아 부동산값이 오히려 떨어질 수 있다. 만일 이런 현상이 일어나면 그것은 인플레이션의 영향을 약화시키는 효과를 낳을 것이다.

얼어붙은 고용과 커져가는 국가의 부담

인플레이션으로 말미암아 소비자들이 겪는 잠재적 위험은 소비와 재산 보전에만 한정되지 않고 그들의 소득 면에도 미칠 수 있다. 물가상승을 견디기 위해 많은 소비자는 자신의 소득을 늘릴 방안을 모색하게 된다. 일을 더 하거나 부업으로 소득증대를 꾀할 것이다.

인플레이션은 또 고용에 악영향을 줄 수 있다. 가격결정력이 충분치 않은 기업은 원가상승분을 남에게 전가하기 어려우므로 존립을 위협받거나 지급불능 상태에 빠진다. 그러면 일자리와 소득 그리고 구매력이 사라진다.

그리고 연금생활자·은퇴자·이자생활자같이 고정수입에 의존하는 분들은 실질소득이 줄어들 위험에 처하게 된다. 연금과 연간 배당금

(annuity)의 상승률이 물가상승률에 못 미치면 구매력이 타격을 받는 것이다. 최악의 시나리오인 스태그플레이션이 오면(그 가능성을 완전히 배제할 수는 없다) 물가상승과 소득저하 현상이 동시에 나타난다. 그러면 실업수당과 생활보조금 지출이 늘어나므로 국가는 더 큰 부담을 안게 된다.

소비자의 구매행동은 어떻게 바뀌나?

인플레이션의 여파로 소비자들의 구매행동, 특히 그들의 가격행동이 어떻게 달라지느냐는 아주 중요한 관심사다. 소비자의 행동변화 양상은 복잡하며 상당히 모순된 모습을 보여주기도 한다. 따라서 기업은 소비자가 인플레이션에 어떻게 대처하는가를 조사하고 연구해 깊은 이해와 예측으로 미리 선수를 치는 것이 필수다. 컨설팅 회사 지몬-쿠허가 세계 여러 나라에서 수행한 프로젝트를 통해 우리는 물가상승률이 높아지면 가격탄력성도 높아짐을 알게 되었다. 즉, 고객들은 한층 더 가격에 주목하며 최대한 유리한 조건으로 거래를 하려고 애쓴다. 이러한 경향은 예상했던 것이므로 그다지 놀랍지 않다.

하지만 정반대의 경향도 나타나고 있다. 우리는 이런 반대 현상을 1990년대에 브라질에서 프로젝트를 하면서 처음 접했는데, 현재 튀르키예에서도 비슷한 일이 일어나고 있다. 물가상승률이 너무 높아지면, 가격은 그 의미를 상실하고 가격탄력성이 오히려 떨어진다. 앞의 1장에서 논의한 몇몇 식품류의 가격변화와 테슬라 사례에서 알 수 있듯이, 독일같이 비교적 안정된 나라에서도 여러 제품의 가격상승률이 20%가 넘는다. 우리가 수행한 브라질의 어느 약국 품목들 연구 프로젝트에서는 인플레이션율이 아주 높았음에도 불구하고 가격탄력성이 0에 가까웠다. 바꿔 말하면, 소비자들의 구매행동이 달라지지 않았다.

얼핏 보면 이해가 잘 안 되는 이런 현상은 이렇게 설명할 수 있다. 값이 자주 그리고 많이 오르면, 구매자들이 기준으로 삼는 가격, 이른바 준거가격(reference price) 시스템이 더 이상 작동하지 않는 것이다. 한마디로 소비자들은 무엇이 이미 비싸진 것인지 그리고 어떤 품목을 아직 싸게 살 수 있는지를 더 이상 모르는 것이다. 1923년에 독일이 극심한 인플레이션에 시달릴 때, 게오르그 폰 발비츠(Georg von Wallwitz)는 이런 현상을 "가격관계의 붕괴"라고 표현한 바 있다.[15]

게다가 공급 자체가 달리고 유통이 원활하지 않으면, 소비자들은 살 수 있는 것은 무조건 사게 된다. 이때 가격은 뒷전으로 밀린다. 코로나19가 본격적으로 번지기 시작한 초기 단계일 때도 세계 여러 나라에서 비슷한 상황이 벌어졌다. 예를 들어, 어느 도시의 큰 슈퍼마켓에는 화장지가 거의 자취를 감췄는데, 시골의 작은 가게에는 아직 물건이 있었다. 그러나 값이 정상가격의 3배였다! 화장지는 전형적인 생필품이므로 이럴 때 소비자들은 비싸더라도 그것을 사서 집에 재어놓기 마련이다. 다른 곳에서는 이미 살 수 없게 된 물건을 지금 내가 살 수 있으면 가격은 이미 고려대상이 아니기 때문이다.

이러한 연구결과를 놓고 보면, 인플레이션이 맹위를 떨치면 떨칠수록 기업이 고객과 판매상황, 특히 고객의 가격행동을 더욱 면밀하게 관찰해야 함을 알 수 있다. 고객이 어떻게 반응할지 모르면서 원가상승분을 무작정 전가하는 것은 매우 위험하다. 반대로 원가가 올랐는데도 전혀 그 상승분을 전가하지 않는 것도 역시 위험하다.

소비자의 가격행동 변화를 측정하는 것은 물론 쉽지 않다. 무엇보다도 그런 측정은 빨리 해야 한다. 왜냐하면 인플레이션 시기에는 필요한 조치를 재빨리 취해야 하기 때문이다. 이런 상황에서 기업이 골라서 쓸 수 있는 대안들은 다음과 같다.

- 소비자들과의 초점집단면접(Focus Group Interview, FGI)
- 사내 워크숍
- 신속 테스트
- 인터넷 설문조사
- 전문가 활용
- 다른 시장(특히 물가상승률이 높은 나라)으로부터 얻은 지식

국가가 인플레이션 덕을 보는 2가지 이유

모든 것을 고려해보면, 국가는 2가지 이유로 인플레이션의 덕을 본다. 우선 우리나라를 비롯한 세계의 거의 모든 나라가 큰 빚을 지고

있다. 더구나 나라빚은 대체로 장기 고정 초저금리 채무의 형태를 띤다. 인플레이션이 오면 국가는 다른 모든 채무자들과 마찬가지로 값어치가 떨어진 돈으로 빚을 갚을 수 있다. 이러한 혜택은 채무 상환기간이 길면 길수록, 또 상환기간 동안의 인플레이션율이 높으면 높을수록 더욱 커진다.

국가는 또한 세수 면에서도 더 유리해진다. 왜냐하면 명목상(nominal)의 매출액과 소득이 올라가면 세금 수입이 자동적으로 늘어나기 때문이다. 오스트리아의 싱크탱크 '어젠다 오스트리아(Agenda Austria)'가 추정한 바에 따르면, 높은 인플레이션 덕분에 오스트리아 정부는 부가가치세·근로소득세·소득세 등을 통해 2022년과 2023년에 75억 ~110억 유로 사이의 세금을 더 거두어들일 것이라고 한다.[16]

이러한 효과는 소득세에 대해 누진세율이 적용되기 때문에 더욱 증폭된다. 예를 들어, 어느 회사 임원의 소득이 인플레이션이 오기 전에 과세표준으로 2억 8,000만 원이었고, 인플레이션율은 10%, 그리고 그의 명목소득도 인플레이션율만큼 올랐다고 가정하자. 계산을 간단히 하기 위해 여기서 누진공제, 지방소득세 등은 고려하지 않는다. 그러면 인플레이션이 오기 전에 그는 소득세로 1억 640만 원을 낸다(38%의 소득세율).

인플레이션이 온 후에는 10% 오른 과세표준 3억 800만 원(2억 8,000만 원 × 1.1)에 대해 40%의 소득세율이 적용되므로, 그는 1억 2,320만 원(3억 800만 원 × 0.4)을 내야 한다. 즉, 그의 관점에서는 세금이 10% 늘어난 것이 아니라 무려 15.8%((1억 2,320만 원 − 1억 640만 원)÷1억 640만 원)나 더 내야 하는 것이다. 반면에 국가는 인플레이션 효과를 빼더라도 실질 세수가 560만 원 늘어난다.[17]

그러나 물가가 오르면 이자율도 오르게 마련이다. 이러한 이자율 상승은 국가에 상당한 위험을 안겨준다. 극도로 낮은 이자율로 (부분적으로는 마이너스 이자도) 조달한 현재의 국채가 몇 년 안에 만기가 돌아오면, 해당 국가는 별수 없이 훨씬 높은 이자로 국채를 다시 발행해야 한다. 이럴 경우 나라빚이 많은 나라는 아주 심각한 문제에 부딪히게 된다. 그뿐 아니라, 국가는 추가로 더 많은 연금·생활보조금·실업수당 등을 지불해야 하고, 또 인플레이션으로 특히 큰 타격을 받는 기업·소비자·자영업자 등의 특정 집단에도 보조금을 주어야 한다.

간추림

인플레이션은 기업·소비자·국가를 포함한 사회의 모든 집단에 영향을 준다.

어느 집단에나 인플레이션의 피해자와 수혜자가 있다. 현금보유자·보통예금 예금자·고정수입 소득자·생명보험 가입자·고정이자 수익증권 소유자, 그리고 채권자는 인플레이션의 피해자들이다. 인플레이션의 영향을 덜 받는 주식이나 부동산 같은 자산을 가진 사람들, 그리고 채무자들은 인플레이션의 수혜자들이다.

2. 인플레이션의 피해자와 수혜자

기업들은 원가상승에 대해 여러 가지 매우 다른 방식으로 대처하고 있다. 기업은 원가상승분을 가격에 반영하려고 하지만, 그런 시도는 부분적으로만 성공할 뿐이다. 또 어떤 기업들은 원가를 낮춘다. 그들은 대체로 원가상승분의 약 20% 정도를 흡수한다고 한다.

현재 기업을 이끌어가고 있는 경영진 세대는 인플레이션을 경험한 적이 없고, 우리는 이것이 심각한 결점이라고 본다. 현재의 인플레이션과 비슷한 정도의 물가급등 사태가 있었던 것은 1970년대가 마지막이었다. 하지만 당시의 인플레이션 요인은 지금과 판연히 달랐다.

소득이 낮은 소비자와 원거리 통근자같이 상당액의 비용을 할 수 없이 부담해야 하는 집단은 인플레이션으로부터 큰 타격을 받는다. 인플레이션에 대처하기 위하여 소비자들은 구매를 포기하거나, 더 싼 제품으로 갈아타기, 편익의 줄어듦을 감수하기, 추가적인 소득원 발굴하기 등의 전략으로 대응하고 있다. 하지만 업종에 따라 소비자들의 인플레이션 대처방식이 무척 다르다. 따라서 업종별로 기업이 값을 올릴 수 있는 여지는 서로 다를 수밖에 없다.

소비자가 가진 예금과 일자리 그리고 소득도 인플레이션의 악영향을 받을 수 있다. 소비자는 가격행동에 관한 한, 모순된 반응을 보이는 경향이 있다. 한편으로는 더 싸게 사기 위해 값에 더 큰 주의를 기울인다. 그래서 가격탄력성이 올라간다. 그러나 또 한편으로는 값이 끊임없이 바뀌기 때문에 준거가격 체계가 흔들린다. 그 결과 가격은 의미를 상실하는 지경에 이른다.

국가는 큰 채무자이므로 인플레이션의 혜택을 입는다. 또 부가가치세·소득세 등으로 거두어들이는 세수도 늘어난다. 누진세율이 적용되는 소득세의 경우는 그 효과가 더욱 크다. 반면에 인플레이션으로 말미암아 국가가 부담해야 하는 연금·사회복지 보조금·특정 집단을 위한 각종 보조금 등은 늘어난다. 저금리 국채의 만기가 돌아온 후에 다시 국채를 발행할 때는 국가의 부담이 엄청나게 더 커질 수 있다.

3

지금 가장 필요한 것은, 민첩성

인플레이션은 동태적인 현상이다. 정태적(靜態的, static) 수치가 문제되는 것이 아니라, 원가·가격·행동의 변화가 그 중심에 있다. 인플레이션은 언제 온다고, 적어도 정확히 어느 시점에 온다고 미리 통보하는 법이 없고, 어느 날 갑자기 나타난다. 앞서 언급한 게오르그 폰 발비츠는 1923년의 인플레이션을 분석한 자신의 글에서 이미 이렇게 말한 바 있다.

"다음 인플레이션은 아무도 예상하지 못한 방향에서 올 것이다."[1]

현재 우리가 겪고 있는 인플레이션과 그것의 예측 가능성에 대해서는 의견이 엇갈린다. 지난 몇 년간 중앙은행들은 인플레이션 위험을 별로 개의치 않고 화폐공급을 계속 늘려왔다. 유럽중앙은행(European Central Bank) 총재 시절의 마리오 드라기(Mario Draghi)가 쓴 "필요한 모든 조치를(Whatever it takes)"이란 말은 그야말로 유행어가 되었다.[2]

몇 년 동안 부동산 가격과 주식 시세가 계속 오르고 있었는데, 중앙은행들은 그런 것에 크게 주의를 기울이지 않았다. 심지어 2021년에 물가가 이미 뛰기 시작했는데도, 중앙은행들은 이것을 "일시적인 현상"이라고 하며 여전히 대수롭지 않게 여겼다.

모두를 놀라게 한 인플레이션의 빠른 출발

경제학자 한스-베르너 진은 이미 2020년 12월에 이렇게 말한 바 있다.

"우리는 인플레이션이 언제 올지 모릅니다. 그러나 인플레이션이 오면 그것은 예기치 않게 오고 빨리 진행될 것입니다."[3]

실제로 인플레이션은 바로 그가 말한 대로 왔다. 현재의 인플레이션이 얼마나 빨리 전개되었는가는 거의 모든 사람을 놀라게 했다. 이번 인플레이션은 속도에 관한 한 1970년대 인플레이션의 빠르기와 놀라울 정도로 비슷한 면이 있다. 〈그림 3-1〉은 1970년대와 2020년대에 인플레이션이 시작되기 전의 2년간 그리고 시작된 후 2년 동안, 인플레이션이 어떻게 전개되었는가를 보여주고 있다. 두 시기에 모두 인플레이션의 초기에 그 속도가 매우 빨랐음을 우리는 알 수 있다. 실제로 인플레이션의 영향을 받은 모든 집단(기업, 소비자, 국가, 중앙은행)이 값이 뛰는 속도에 놀랐을 것이다.

그런데 두 인플레이션 간에는 원인의 예측 가능성과 (원인을 둘러싼) 제반 상황 면에서 중요한 차이가 있다. 1970년대의 인플레이션은 기본적으로 1973년 10월에 있었던 중동의 욤 키푸르 전쟁(Yom Kippur War)의 결과로 일어난 석유파동이 그 주요 원인이다. 몇 달 사이에 배럴당 석유값이 3달러에서 12달러로 올랐다. 1978년에 일어난 2차 석유파동은 한 술 더 떠서 배럴당 석유값을 37달러로 끌어올렸다. 소비자들에게는 리터당 일반 휘발유값이 1972년에는 250원(60페니히)

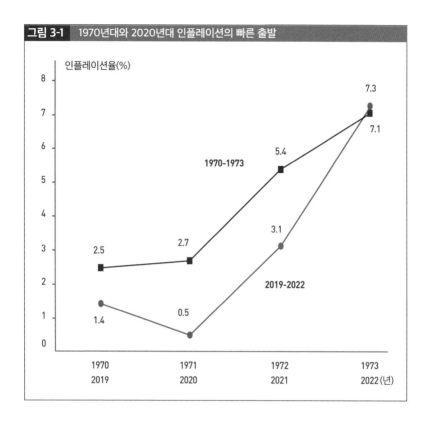

그림 3-1 1970년대와 2020년대 인플레이션의 빠른 출발

정도였는데 1974년에는 350원(84페니히)이 되었고(40% 상승), 1980년에

는 465원(113페니히)으로 올랐다. 이는 1972년에 비해 86% 상승한 값

이다.

 에너지는 모든 생산과정에 흘러 들어가므로 여러 업종에서 광범위

하게 값이 올랐으며, '임금상승−물가등귀'라는 악순환이 시작되었다.

1974년에 임금은 거의 6% 올랐으며, 1970년대의 평균 임금상승률은 약 4%이었다. 이것은 생산성 향상보다 훨씬 높은 상승률이므로 당연히 물가상승을 더 부채질했다. 1972년에 《성장의 한계》라는 책이 출간된 이후에는 누구나 장기적으로 기름값이 오를 것임을 예상했지만, 1973년의 석유파동은 그 급작스러움에 모두 놀랐으며, 그것은 거의 예측할 수 없었다.[4]

현재의 인플레이션은 그 원인과 예측 가능성 면에서 크게 다르다. 의심할 여지 없이 이번 인플레이션의 주요 원인은 지난 2008~2010년의 금융위기 때 시작된 화폐공급량의 증가다. 화폐공급의 증가는 그 후에도 끊임없이 지속되었다. 이러한 돈 풀기는 코로나19 전염병이 번지기 한참 전부터 행해졌고, 코로나19는 이런 추세에 한층 더 박차를 가했다. 그래서 인플레이션 촉진제(inflation driver)로서의 통화량 증가에 관한 한 "깜짝 놀랐다."라는 말은 있을 수 없다.

통화량의 심각한 증가

통화량이 얼마나 심각하게 늘었는가를 〈그림 3-2〉가 잘 보여주고 있다. 이 그림에서 M1은 통화량(money supply)을 뜻한다. 〈그림 3-2〉의 M1은 유로가 쓰이는 지역에서 유통되는 모든 현금 및 금융기관에 예치되어 있는 요구불 예금으로 이루어져 있다. 요구불 예금이란 특정 만기 또는 해약 고지 기간이 미리 합의되거나 정해지지 않은 모든 예금잔고를 가리킨다. 〈그림 3-2〉는 2007년부터 2021년까지 유로가

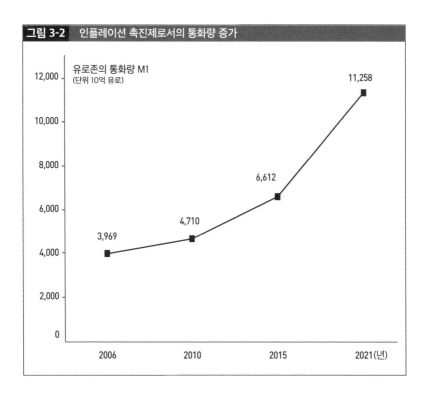

그림 3-2 인플레이션 촉진제로서의 통화량 증가

유로존의 통화량 M1
(단위 10억 유로)

12,000

11,258

10,000

8,000

6,612

6,000

4,710

4,000

3,969

2,000

0

2006   2010   2015   2021(년)

쓰이는 지역에서 통화량(M1)이 어떻게 변했는가를 보여주고 있다.

2006년부터 2021년까지 유로 통화량은 2.93배 늘어났다. 그러나 같은 기간 동안 유로존의 국내총생산은 1.3배 성장했을 뿐이었다. 이러한 불균형이 인플레이션을 일으킬 것임은 두말할 나위도 없다. 다만 인플레이션이 시작되는 시점이 불확실하다는 점은 우리가 인정하고 받아들여야 한다. 또 인구통계 변수, 그리고 늦어도 도널드 트럼프가 미국 대통령이 된 이후 본격적으로 시작된 미국과 중국의 무역

분쟁 등의 요인들이 어떤 영향을 미칠지는 충분히 예상할 수 있었다. 반면 코로나19 전염병과 우크라이나 전쟁은 이른바 '검은 백조(black swan)' 현상, 즉 아무도 예상할 수 없었던 일에 속한다.

전체 경제의 인플레이션율보다 개별 업종 또는 개별 상품의 가격변화를 예측하는 것이 훨씬 더 힘들다. 석유 또는 금의 값을 예측할 수 없다는 사실은 잘 알려져 있다. 2021년 3월에 대형 컨테이너선 에버기븐 호가 좌초되어 수에즈 운하가 일주일 가까이 막힌 적이 있다. 이런 뜻밖의 개별 사건도 인플레이션 추세를 부채질할 수 있다. 몇몇 개별 원자재의 공급이 달리고 전자칩 같은 부품이 부족해도 비슷한 결과를 낳는다.

이런 사태가 얼마나 오래 계속될 것이냐는 그 원인의 존속기간에 달려 있다. 전자칩의 경우는 몇 년이 걸릴 수도 있다. 왜냐하면 크게 늘어난 자동차산업의 수요를 충족시킬 수 있는 공장을 짓는 데 그 정도의 시간이 걸리기 때문이다. 그리하여 전자칩 공급능력이 획기적으로 향상되면 값이 다시 떨어질 수 있다.

이렇게 일반적인 가격변동은, 더구나 개별 업종 또는 제품의 가격변동은 더더욱, 우리가 예측할 수 없거나 또는 정확한 (가격상승의) 시점을 미리 알 수 없다. 이러한 엄연한 사실이 기업에 주는 시사점은 명확하다. 재빨리 정보를 수집하고 즉각 시행해야 한다는 것이다. 원가와 가격이 끊임없이 변할 때 긴 시간 단위(한 달, 한 분기, 심지어 1년) 간격으로만 얻을 수 있는 정보원천에 의존하는 것만으로는 불충분하다. 가능하면 실시간 정보시스템 또는 조기경보 시스템을 갖추어야 한다. 그러려면 당연히 디지털 정보시스템이 있어야 한다.

누가 더 빠르게 대응하는가

민첩성과 타이밍은 기업이 값을 올리려고 할 때 결정적으로 중요하다. 정상적인 시기에 이런 조치를 하려면 상당한 시간이 걸린다. 상황을 분석하고, 결정을 내리고, 영업사원들에게 알리고, 고객들과 협상해야 하기 때문이다. 그러나 인플레이션이 기승을 부리는 때에는 기업이 그렇게 할 여유가 없다. 오히려 시행에 드는 시간을 최대한 줄여야 한다. 이럴 때 어울리는 슬로건은 "변화에 대응하는 속도를 높여라."다.[5] 이와 관련하여 "민첩한 가격책정 모델"[6]이라는 말이 생겨나기도 했다. 적절한 타이밍은 기업의 연간실적에 엄청난 영향을 미치는데, 〈그림 3-3〉은 그 까닭을 잘 보여준다.

〈그림 3-3〉의 위쪽 그림은 원가가 오른 다음에 값을 바꾼 경우다. 원가가 드문드문 그리고 조금씩 오를 때는, 즉 가격이 안정된 시기에는 이런 가격정책이 큰 피해를 주지는 않는다. 그러나 원가가 자주 크게 오르는 때 기업이 이런 정책을 쓰면 큰 낭패를 본다. 왜냐하면 그래프에 빗금 부분만큼의 이익이 날아가기 때문이다. 가격변경이 몇 달간 지연되면 쉽사리 1년치 이익 전체가 없어진다. 최악의 경우에는 가격조정이 지연됨으로 말미암아 기업의 마진이 일시적으로 마이너스가 되는 상황이 올 수도 있다.

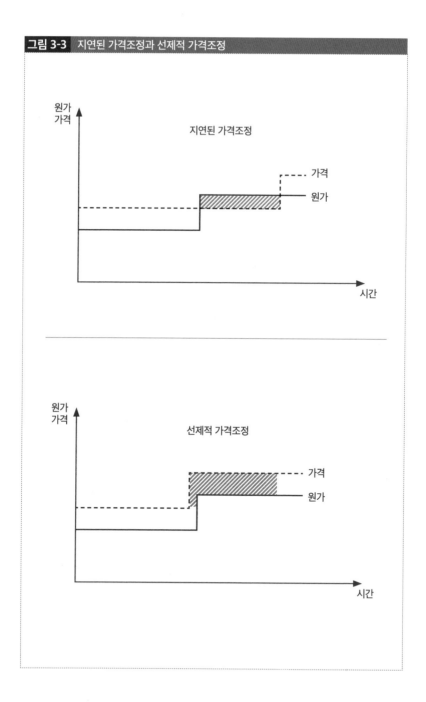

그림 3-3 지연된 가격조정과 선제적 가격조정

원가가 오르기 전에 값을 올려라

　더 권장할 만한 방식은 선제적 가격조정(pre-emptive pricing)인데, 〈그림 3-3〉의 아래쪽 그림은 이 사실을 보여주고 있다. 빗금 부분은 가격변경이 늦어질 경우와 견주어볼 때(위쪽 그림) 기업이 건지는 마진의 차이가 얼마나 큰가를 생생하게 보여준다. 이렇게 원가가 오르기 전에 미리 값을 올리면 "지금까지의 상황보다 더 큰 마진을 거둘 수 있지 않을까?" 하는 생각이 들 수도 있다. 명목가치만 보면 그럴 수 있겠지만, 아마도 실질가치는 그렇지 않을 것이다. 기업이 명목이익(nominal profit)뿐만 아니라 (인플레이션 효과를 제거한) 실질이익을 지키려고 하면, 원가가 오르기 전에 값을 올리든가 아니면 원가상승분보다 더 많이 값을 인상해야 한다.

　이상적으로는 원가상승 이전 혹은 아주 직전에 값을 조정하는 선제적 가격변경이 매우 중요하다. 경영자는 이것을 절대 과소평가해서는 안 된다. 최근 독일 10대 기업에 속하는 어느 회사의 이사회 의장이 우리에게 이런 편지를 보내온 바 있다.

　"지난주 이사회 회의가 열렸을 때 저는 우리 경영진에게 '기존의 마진을 유지하거나, (이러한 때일수록) 마진을 더 강화하기 위해 원가상승의 물결이 오기 전에 값을 올릴 것'을 건의했습니다. 이것은 '값을 더 빨리 올려라!' 하는 당신의 제안과 일치합니다. 저는 이러한 의견일치를 기쁘게 생각했습니다."[7]

　경영 구루 램 차란 역시 이러한 측면을 강조한다.

"인플레 기간에는 변화에 대응하는 속도를 높여야 한다. 천천히 대응하거나 그릇된 전략과 전술을 선택하는 회사는 약해질 것이고 아마 파산할지도 모른다."[8]

짧게, 자주, 조금씩

또 다른 문제는 기업이 "얼마나 자주 값을 바꿔야 하는가 또는 바꿀 수 있는가?"다. 이와 관련하여 우리는 먼저 가격시스템에 따른 차이를 언급하지 않을 수 없다. 기업이 수시로 가격을 바꾸는 체계적인 동태적 가격책정(dynamic pricing)을 하고 있으면, 짧은 간격으로 값이 계속 바뀐다. 이 간격의 시간 단위는 초·분·시간일 수 있고, 어떤 때는 일(day)이기도 하다.

투자 회사 트레이드 리퍼블릭(Trade Republic)같이 전자거래 시스템 (electronic trading system)을 운영하는 회사의 경우에는, 그야말로 값이 끊임없이 달라진다고 말할 수 있다. 우리가 여기서 문제 삼는 것은 그런 가격시스템이 아니다. 우리가 던지는 질문은 아래와 같다.

"기업은 일정한 간격, 즉 비교적 긴 시간 간격을 두고 값을 바꿔야 하는가? 아니면 필요할 때마다 더 자주 변경해야 하는가?"

원가와 가격이 안정된 시기에는 첫 번째 방식이 대종을 이룬다. 예를 들어, 식품제조 회사와 식품소매상들은 그런 때에는 연차회의를 통해 가격수준을 협상하고, 거기에서 합의된 가격은 1년간 유효하다고 한다. 장기공급계약을 통해 거래가 이루어지는 산업재 분야에서도 비슷한 방식이 퍼져 있다.

그러나 인플레이션 시기에는 몇 가지 이유에서 이런 방식이 적합하지 않다. 통상 인플레이션이 오면 가격과 원가가 비교적 긴 시간 간격을 두고 오르는 경우도 있지만, 또 어떤 상황에서는 끊임없이 달라지기도 한다. 따라서 원가도 앞의 〈그림 3-3〉에서 단순화하여 보여준 것처럼 한꺼번에 급등하는 것이 아니라, 조금씩 조금씩 계속 올라간다.

두 번째 이유는 다음과 같다. 기업이 어쩌다가 오래간만에(예를 들어, 1년에 한 번) 값을 올리면 어쩔 수 없이 한꺼번에 크게 올려야 한다. 그러면 당연히 고객들이, 특히 산업재 분야에서는 엄청나게 반발한다. 또 최종 소비자도 강한 회피반응을 보이게 마련이다. 그 결과 매출이 상당히 떨어지게 된다. 어쨌든 만일 시장에서 가격반응함수(price response function)가 구텐베르크 모델(Gutenberg model)의 형태를 띠고 있다면, 바로 이런 (고객들의) 반응이 나타나게 되어 있다. 실제로 현실에서는 구텐베르크 모델의 타당성을 뒷받침하는 증거를 우리는 많이 접하는데, 이 모델의 가설은 다음과 같다.

- 가격조정의 폭이 작으면 가격탄력성이 낮다.
- 가격인상의 폭이 어느 선 이상을 넘으면,
  가격탄력성이 비례 이상으로 커진다.

3. 지금 가장 필요한 것은, 민첩성

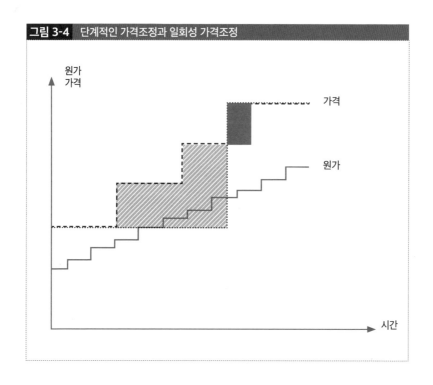

그림 3-4 단계적인 가격조정과 일회성 가격조정

이러한 구텐베르크 모델의 가설이 맞다면, 기업은 오래간만에 값을 한꺼번에 크게 올리기보다는 짧은 간격으로 여러 차례에 걸쳐 조금씩 올리는 편이 더 낫다. 〈그림 3-4〉는 이러한 가격전술을 보여준다.

값을 한꺼번에 크게 올리는 방식은 점선으로 그리고 단계적 가격인상 기법은 파선(破線, dashed line)으로 각각 표시되어 있다. 이 그림에서 어둡게 표시된 두 부분은 공헌마진(contribution margin)의 차이를 보여준다. 그림에서 보다시피 단계적 가격인상이 한결 더 유리하다. 가격곡선과 원가곡선의 차이는 시간이 지날수록 더 커진다. 기업이 명목이익뿐만 아니라 실질이익도 지키려면 이렇게 해야 한다. 이와 관련하여 여러 개의 지점을 갖고 있는 어느 제빵업자는 우리에게 이렇게 말한 바 있다.

"저는 과거에 원가가 올라갈 때 너무 망설였고, 그래서 값을 늘 너무 늦게 올리곤 했습니다. 이렇게 지연됨으로 말미암아 저는 할 수 없이 빵값을 한꺼번에 왕창 올릴 수밖에 없었습니다. 예를 들어, 빵 한 쪽에 600원을 더 받았습니다. 손님들은 이런 방식을 좋아하지 않았습니다. 아마 제가 빵값을 몇 번에 나누어서 조금씩 올리는 편이 더 나았을 것입니다. 그렇게 하면 가격인상이 눈에 잘 띄지 않았을 것이고, 저의 이익도 더 늘었을 것입니다."

시장현실을 꿰뚫고 있는 실무자의 이런 말은 우리가 권하는 '단계적 가격인상'이 더 나은 방안임을 증명해주는 듯하다. 산업계에서도 인플레이션이 확산되면서 가격인상의 빈도가 높아지는 현상이 나타나고 있다. 예를 들어, 2022년 4월 말에 타이어 회사 콘티넨탈(Continental)에 관한 이런 기사를 본 적이 있다.

"콘티넨탈은 올해 들어서 벌써 3번이나 관련 내용을 통보하면서 거래처들과 협의를 했다. 이것은 이례적으로 발 빠른 움직임이다."[9]

실제로 기업이 짧은 간격으로 여러 차례에 걸쳐 값을 올릴 수 있는가는 해당 업계의 관행 및 공급 회사와 고객의 상대적 가격결정력에 달려 있다. 대체로 B2B 시장보다는 B2C에서 이 방식을 쓰기가 더 쉽다.

간추림

인플레이션 시기에는 시간과 적절한 타이밍이 아주 중요한 의미를 갖는다. 그래서 기업은 우리가 이번 장에서 논의한 다음의 내용에 주목해야 한다.

인플레이션의 개시는 예측하기 어렵다. 인플레이션은 흔히 예기치 않았던 시점에 갑자기 격렬하게 시작되며 빨리 진행된다.

궁극적으로 인플레이션을 일으키는 예측 가능한 요인들을 기업이 일찍이 알아차리면, 그것에 대처하는 데 큰 도움이 된다. 예를 들어, 몇 년 전부터 지속적으로 늘어난 통화량이 그러한 요인들 중 하나다. 그 밖에 코로나19 전염병이나 우크라이나 전쟁처럼 예측할 수 없으면서 인플레이션을 부추기는 사건들이 있다.

일반적 인플레이션보다 한층 더 예측하기 힘든 일은 '개별 업종 또는 제품들의 가격이 어떻게 달라질 것이냐?'다. 하지만 기업 지도자들에게는 일반적인 가격추세보다 특정 분야의 이런 구체적인 변화가 더 중요하다. 이러한 예측 불가능성에 대해 기업이 대처할 수 있는 유일한 길은, 필요한 정보를 최대한 빨리 공급해주는 정보시스템을 갖추는 것이다.

늦장 대응으로 말미암아 이익달성에 지장을 주는 일이 없도록 경영자는 적절한 타이밍에 민첩하게 정책을 시행하는 역량을 강화해야 한다. 구체적으로 말하면, 경영자는 원가상승의 물결이 밀려오기 전에 값을 조정해야 한다. 또 인플레이션이 지속되는 시기에는 값을

크게 드문드문 올리지 말고 더 자주, 단계적으로 가격을 조정해야
한다.

④

어떻게 이익을 지킬 것인가?

우리는 이 책에서 기업이 이익지향적으로 행동한다고 가정한다. 그렇다면 인플레이션이 지속될 때는 이익을 지키는 것이 무엇보다 중요하다. 그런데 '이익'의 개념은 실은 조금 애매하다. 그래서 우리는 먼저 몇 가지 이익 개념을 구체적으로 설명하고, 이어서 한국의 대표적인 기업들과 세계 주요국의 이익상황을 알아본다. 이를 바탕으로 이익에 대한 인플레이션의 악영향을 견딜 수 있는 여유가 기업들에게 얼마만큼 있는가를 생각해본다. 끝으로 우리는 이익 방어의 기회를 논의한다.

여러 가지 '이익' 개념

시중에는 갖가지 이익 개념이 통용되는데, 이 책에서 우리가 쓰는 '이익'이란 말의 정의는 아래와 같다.

"기업이 임직원·공급업자·은행 등의 채권자, 그리고 나라에 대해 계약한 대로 주어야 할 것을 다 주고 남은 것."

즉, 이익은 기업이 이행해야 할 모든 의무를 다한 다음에 남는 잔존금액이며, 따라서 이익은 오로지 기업의 임자에게만 귀속된다. 왜냐하면 기업이 제3자에게 갚아야 할 모든 것을 변상했다면, 이제는 어느 누구도 해당 기업에 더 이상 아무것도 청구할 수 없기 때문이다.

그러나 아쉽게도 현실은 이보다 훨씬 더 복잡하다. 시중에는 일일이 열거하기 힘들 만큼 이익과 관련된 다양한 개념이 그야말로 난무하고 있다. 혼란스러울 뿐만 아니라 부분적으로는 그릇된 길로 이끌기조차 한다.

그래서 이익에 대해 이야기할 때는 무엇을 말하는지 정확히 알아야 한다. 그렇지 않으면 속아 넘어가기 십상이다. 이자 및 세전이익(earnings before interest and tax, EBIT), 법인소득세와 이자 그리고 유·무형자산의 감가상각비를 빼기 전 이익(earnings before interest, taxes, depreciation and amortization, EBITDA), 그리고 연구개발비·마케팅 비용·신규고객 유치 비용 등을 이익에 포함시키는 이익 개념 등은 재무적으로는 의미 있는 수치일지 몰라도, 우리가 위에서 정의한 의미의 이익은 결코 아니다.

명목이익과 실질이익

인플레이션이라는 특수한 상황에서는 명목이익과 실질이익의 구분이 중요하다. 명목이익은 현재의 화폐단위로 회계장부에 표시된 이익이고, 실질이익은 물가상승률을 감안하여 조정된 액수다. 경영자가 인플레이션 시기에 올라가기만 하는 명목수치에 취하는 것은 위험천만이다. 이런 현상을 우리는 "화폐착각" 또는 "화폐환상(money illusion)"이라고 부른다.

가공이익

가공이익(fictitious profit 또는 phantom profit)이란 취득원가를 적용해서 손익계산을 했을 때 성립하는 이익과 재구매원가를 적용할 경우에 산정될 이익의 차이를 말한다. 그 원인은, 세금혜택이 주어지는 감가상각을 최초의 취득원가에 대해서만 할 수 있기 때문이다. 문제는 가공이익이 실질적인 가치의 잠식을 나타내는데도 불구하고 그것에 세금이 부과된다는 사실이다.

정상이익과 경제이익

여러 이익 개념 중 몇몇은 회계장부상의(즉 실제로 발생한) 자본비용이 아닌 '자본의 기회비용'에 초점을 맞춘다. 여기서 말하는 기회비용은 "위험이 비슷한 다른 분야에 투자했을 경우 얻을 수 있는 수익률"이다. 이른바 정상이익(normal profit)이란, 기업의 주인 또는 투자자가 기회비용만큼은 회수할 수 있도록 해주는 이익을 말한다. 어떤 기업이 이것보다 이익을 더 적게 내면, 투자하는 그 기업에서 자본을 빼서 수익률이 더 높은 곳에 투자할 것이다. 따라서 경쟁이 치열한 자본시장에서 기업이 장기적으로 충분한 자금을 조달하려면 적어도 정상이익은 거두어야 한다.

또 이른바 경제이익(economic profit 또는 excess profit)은 한 회사가 자본의 기회비용보다 얼마나 더 높은 수익률을 올리고 있는가를 측정한다. 즉, 경제이익은 "비슷한 정도의 위험이 있을 때 자본시장에서 올릴 수 있는 수익률과 기업의 실제 수익률의 차이"다. 정상이익과 경제이익을 산정할 때는 투자자가 요구하는 '위험이 반영된(risk-adjusted) 최소수익률'이 중심적인 구실을 한다. 그래서 투자자의 관점에서는 '가중평균 자본비용(weighted average cost of capital, WACC)'이라는 변수가 중요하다.[1]

어떤 회사의 총자본이 100억 원이고 총 자산수익률은 10%, 그리고 WACC는 8%라고 가정하자. 그러면 이 회사의 경제이익은 100억 원 × (0.1−0.08) = 2억 원이다. 즉, 이 회사는 자본비용보다 2억 원을 더 벌고 있다. 이렇게 자본의 기회비용을 비교기준으로 삼아야 한다는 근본사상이 실은 그렇게 새로운 것이 아니고, 이미 1890년에 당시의 대표적인 경제학자 앨프리드 마셜(Alfred Marshall)이 제안한 바 있다.[2] 자본평가 방법의 하나인 현금흐름할인법(Discounted Cash Flow Method)도 이 사상에 바탕을 두고 있다.

한마디로 경제이익은 기업이 얼마나 성공했는가를 재는 더 까다로운 잣대다. 인플레이션 시기에는 자본비용도 오르기 마련이므로 기업으로서는 경제이익을 달성하기가 한층 더 어려워진다.

'있으면 좋은 것'이 아니라 '살아남기 위한 비용'

시장경제 아래서 활동하는 많은 기업이 흔히 '이익극대화'라는 목표를 추구한다. 이러한 목표의 배후에는 많은 경우 "기업의 생존을 담보한다."라는 암묵적인 목표가 있다. 20세기 최고의 경영학자 피터 드러커는 이 목표를 달성하는 데 있어 이익의 핵심적인 구실을 이렇게 표현한 바 있다.

"이익은 생존의 조건이다. 그것은 미래비용이고, 기업경영을 계속하기 위한 비용이다."[3]

따라서 우리는 이익을 '기업이 살아남기 위한 비용(the cost of survival)'으로 해석할 수 있다. 그래서 기업의 장래를 확보하고자 하면 경영진은 다른 모든 비용과 마찬가지로 처음부터 이 생존비용을 계산에 넣고 또 반드시 (이 생존비용을) 벌어야 한다는 것이다.

그렇다면 경영자가 경영계획을 세우고 회사를 운영할 때, 이익을 사업연도 말에 확정되는 '희망컨대 음수가 아닌 양수 값을 가진 잔존금액'으로 이해해서는 안 된다. '있으면 좋은 것(nice to have)' 정도로 여겨서도 안 된다. 이익은 반드시 회수해야 하는 비용 항목으로 애초부터 예산계획에 반영해야 한다. 그래서 이익은 한 기업의 생존능력을 나타내는 대리변수(proxy variable)가 된다. 그리고 인플레이션은 바로 이 생존능력을 위협한다.

인플레이션을 견딜 두툼한 범퍼가 있는가?

그러면 세계의 기업들은 이익을 갉아먹는 인플레이션을 맞아 견딜 수 있는 여력이 얼마나 있는가?

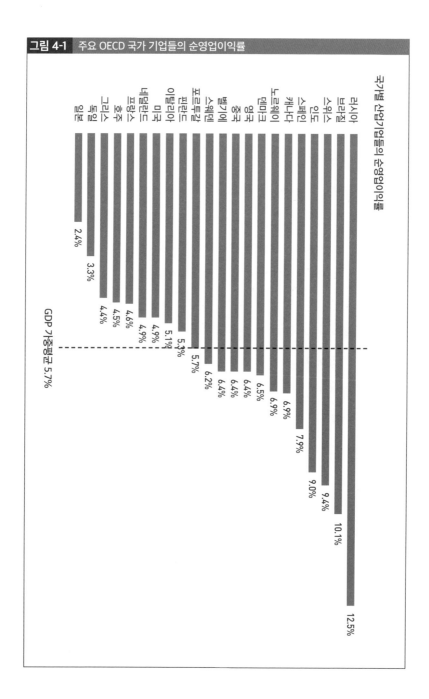

그림 4-1 주요 OECD 국가 기업들의 순영업이익률

국가별 산업기업들의 순영업이익률

러시아 12.5%
브라질 10.1%
스위스 9.4%
인도 9.0%
스페인 7.9%
캐나다 6.9%
노르웨이 6.9%
덴마크 6.5%
영국 6.4%
중국 6.4%
벨기에 6.4%
스웨덴 6.2%
포르투갈 5.7%
핀란드 5.3%
이탈리아 5.1%
미국 4.9%
네덜란드 4.9%
프랑스 4.6%
그리스 4.5%
호주 4.4%
독일 3.3%
일본 2.4%

GDP 가중평균 5.7%

〈그림 4-1〉은 OECD 주요 국가들의 지난 8년간의 순영업이익률을 보여준다.

　그림에서 보다시피 독일(3.3%)과 일본(2.4%) 기업들은 순영업이익률이 유난히 낮다. 인플레이션이 심해지면 당연히 자본비용도 올라가므로 이 두 나라의 기업들의 상당수는 아마 자본비용을 벌지 못하고, 따라서 경제이익을 달성하지 못할 것이다. 선진국들 가운데는 특히 스위스의 기업들이 9.4%로 좋은 성과를 올리고 있다. 상대적으로 낮은 스위스의 법인세율(18%)이 이런 높은 실적을 내는 데 적지 않은 도움이 되고 있을 것이다. 대체로 순영업이익률이 평균인 5.7%를 밑도는 나라들(이탈리아, 미국, 네덜란드, 프랑스, 호주 등)의 기업들은 인플레이션을 맞아 경제이익을 내기가 쉽지 않을 듯하다.

　우리나라의 경우, 기업 전체를 여기서 검토하는 것은 불가능하므로 단편적인 분석결과만 제시하기로 한다. 우선 유통업을 보자. 〈그림

그림 4-2	한국 주요 유통업체의 매출액, 영업이익, 영업이익률		
회사이름	매출액	영업이익	영업이익률
이마트	19조 628억 원	1,506억 원	0.8%
롯데쇼핑	9조 6,953억 원	2,710억 원	2.8%
홈플러스	7조 3,000억 원	1,601억 원	2.2%

그림 4-3	한국 주요 백화점의 매출액, 영업이익, 영업이익률		
회사이름	매출액	영업이익	영업이익률
신세계	6조 3,942억 원	4,677억 원	7.3%
롯데	8조 8,562억 원	1,749억 원	2%
현대	2조 1,989억 원	2,922억 원	13.3%

　　　　　　　　　　　　　　　　　　　　　4. 어떻게 이익을 지킬 것인가?

그림 4-4	편의점 업계 두 강자의 실적	2018	2019	2020
BGF리테일	매출액	5조 7,758억 원	5조 9,460억 원	6조 1,812억 원
	영업이익	1,895억 원	1,966억 원	1,622억 원
	영업이익률	3.3%	3.3%	2.6%
GS리테일	매출액	8조 6,916억 원	9조 69억 원	8조 8,623억 원
	영업이익	1,802억 원	2,388억 원	2,525억 원
	영업이익률	2.1%	2.7%	2.8%

4-2〉와 〈그림 4-3〉은 우리나라 주요 대형마트와 백화점의 2019년 실적을 보여주고, 〈그림 4-4〉는 편의점 업계 두 강자의 최근 3년 치의 경영성과를 보여준다.

이 세 그림에서 알 수 있다시피 한국의 유통업계는 신세계백화점과 현대백화점을 빼면 대체로 영업이익률이 3% 이하다. 인플레이션의 파고(波高)를 견디기 힘든 체력이라고 하겠다. 또 〈그림 4-5〉는 한국의 2020년 10대 마진 스타 기업을 보여주는데, 이런 초우량 기업들 가운데 무려 3곳은 순이익률이 3%밖에 안 된다(기아자동차, 포스코, 현대자동차).

그런데 투자자 관점에서는 자기자본을 굴려 얼마나 수익을 올리느냐가 궁극적인 관심사다. 따라서 회사의 소유자들, 즉 주주들은 영업이익률보다는 자기자본수익률에 더 큰 관심을 가진다. 미국 기업들의 평균 자기자본수익률은 16.9%이고, 유럽 기업들은 12.9%다.[4] 한국거래소 자료에 따르면 우리나라 상장사들의 자기자본수익률은 2018년에 9.52%, 2019년에는 4.93%였다. 즉, 한국 기업들의 자기

그림 4-5	한국의 10대 마진 스타 기업	
순위	**회사이름**	**순이익률(%)**
1	삼성전자	9
2	우리금융지주	9
3	신한지주	8
4	SK하이닉스	7
5	KB금융	7
6	하나금융지주	6
7	현대모비스	6
8	기아자동차	3
9	포스코	3
10	현대자동차	3

자본수익률은 국제기준에 비추어보면 상당히 낮은 편이다. 단편적인 자료 몇 가지만 살펴보아도 한국 기업들이 인플레이션 시대에 만족스러운 경제이익을 내기는 결코 만만치 않을 듯하다.

한 연구는 연간 매출액이 최소 10억 달러가 넘는 전 세계 5,750개 회사의 이익을 분석한 바 있다.[5] 연구자들이 기업의 순위를 정하기 위해 쓴 기준은 경제이익, 즉 기업이 WACC를 넘어 그 이상 벌어들인 이익이다. 이 연구를 통해 밝혀진 내용 가운데 이번 장과 관련 있는 부분을 소개하면 아래와 같다.

- 전체 5,750개 회사가 버는 모든 경제이익의 36%를 상위 1%에 속하는 57개 회사가 벌었다.

- 전체 회사들의 중간에 있는 60%는 경제이익이 거의 0에 가까웠다. 즉, 이들은 기껏해야 자본비용 정도밖에 못 벌었다.
- 하위 10%에 속하는 회사들은 경제이익이 마이너스이고, 이들은 전체적으로 슈퍼스타들이 생산하는 만큼의 가치를 까먹고 있다. 그럼에도 이들 가운데 많은 회사가 나라의 도움으로 명맥을 이어가고 있다. 이런 회사들은 이 연구에서 좀비 기업(zombie companies)으로 불린다. 즉, 대기업의 절반 이상이 고작해야 자본비용 정도를 벌거나 또는 경제이익이 아닌 경제손실을 내고 있다.

이상의 내용을 간추리면, 우리나라를 비롯한 세계의 기업들 가운데 상당히 많은 회사들이 인플레이션의 악영향을 견디어내면서 경제이익을 낼 수 있는 체력이 부족하다.

실질이익을 방어하기 위한 전략

기업이 이익을 지킬 수 있는 가능성을 가늠하기 위해, 우리는 여기서 한 간단한 모델을 분석하기로 한다. 이익의 정의는 아래와 같다.

[수식 4-1]

이익 = (가격 × 판매량) - 원가

이 공식이 보여주듯이, 이익동인(profit-driver)은 궁극적으로 가격·판매량·원가, 이 3가지뿐이다. 그리고 원가는 고정비와 변동비로 나눌 수 있다. 그러면 가상의 회사 하나를 예로 들어 인플레이션 시대에 이익을 지키는 것이 얼마나 어려운지 살펴보자. 여기서 우리가 제시하는 가상의 회사는 많은 산업재 제품과 다양한 서비스 업종에서 흔히 볼 수 있는 구조의 회사다.

이 회사 제품의 값은 1만 원이고 연간 판매량은 10만 개이다. 고정비는 3억 원이고 개당 변동비는 6,000원이다. 따라서 1개당 마진은 4,000원이다. 그래서 매출액은 10억 원이고, 총 마진은 4억 원, 이익은 '4억 원 - 3억 원= 1억 원'이다. 즉, 세전 영업이익률은 10%이다. 우리나라의 법인세율은 25%이므로 순영업이익률은 7.5%다.

앞의 〈그림 4-1〉에서 보았듯이, 주요 OECD 국가들 기업들의 순영업이익률 평균은 5.7%이므로 이 정도면 꽤 괜찮다고 할 수 있다. 그런데 인플레이션이 와서 원가가 10%나 오르지만 값을 올릴 수 없다고 하자. 그러면 어떤 일이 벌어질까? 우선 고정비가 3억 3,000만 원으로 오르고, 개당 변동비는 이제 6,600원이므로 변동비는 6억 6,000만 원이 된다. 이 둘을 합치면 원가상승분은 9,000만 원이다. 이것을 고객들에게 전가하지 못하면, 즉 값을 올리지 못하면 판매량은 그대로 10만 개이고 따라서 매출액은 여전히 10억 원이지만 이익은 1억 원에서 1,000만 원으로 떨어진다. 원가급등으로 말미암아 이익이 무려 90%나 줄어든 것이다. 인플레이션 효과를 제거한 실질이익은 900만 원이다. 원가상승분을 고객들에게 전가하지 못하면 이런 결과가 나온다.

그러면 이 회사가 같은 이익을 얻으려면 값을 몇 % 올려야 하는가? 그 대답은 값을 올림에 따라 판매량이 어떻게 달라지느냐에 달려 있다. 이 장에서는 계산을 복잡하게 만들지 않으면서 핵심을 전달하기 위해, 값이 올라도 판매량은 변하지 않는다고 가정한다. 이러한 가정을 하면, 명목이익 1억 원을 유지하기 위해 이 회사는 값을 9% 올려 1만 900원으로 해야 한다. 즉, 원가상승분의 절대액을 고스란히 고객들에게 전가하는 것이다. 그러면 매출액이 10억 9,000만 원으로 오르고, 이것에서 고정비 3억 3,000만 원과 변동비 6억 6,000만 원을 빼면 1억 원의 이익이 남는다. 따라서 명목이익은 유지되지만, 실질이익은 10% 떨어진 9,000만 원이다.

실제이익을 유지하려면 값을 10% 올려 1만 1,000원으로 해야 한다. 즉, 원가상승률 10%를 그대로 고객들에게 전가해야 한다. 그러면 명목이익은 1억 1,000만 원이 되고 실질이익 1억 원(≒9,900만 원)이 달성된다. 판매량이 달라지지 않는다는 우리의 가정이 맞는다면, 이렇게 실질이익을 방어하는 데 성공할 것이다.

그러면 값이 9~10% 올라도 판매량이 달라지지 않는다는 우리의 가정, 즉 가격탄력성이 0이라는 우리의 가정은 얼마나 현실적인가? 그 대답은 무엇보다 경쟁사들의 행동에 달려 있다. 그러나 설사 모든 경쟁사가 따라온다고 하더라도, 이 정도로 값을 올리는데 전체수요의 가격탄력성이 제로일 것이라는 가정은 현실과 거리가 멀다. 이와 관련하여 해외의 어느 대형 식품소매 회사는 이렇게 말했다고 한다.

"개별 소매상들도 어느 정도 이익마진을 희생해야 합니다. 우리는 값을 안정시키기 위해 벌써 엄청난 돈을 투자했습니다."[6]

이어지는 5장에서 인플레이션이 최적가격에 어떤 영향을 미치는가를 다룰 텐데, 이와 관련하여 우리는 더 현실에 가까운 가격탄력성을 상정하고 더 복잡한 경우를 논의할 것이다. 이번 장에서 제시한 간단한 사례를 통해, 우리는 다만 인플레이션 상황에서 기업이 실질이익은 고사하고 명목이익을 지키는 것조차 얼마나 어려운지 보여주고 싶었을 뿐이다.

앞에서 예로 든 이 회사의 순영업이익률은 7.5%였다. 따라서 이익 상황이 상당히 좋았는데도 불구하고 인플레이션이 들이닥치면 넉넉한 이익수준을 유지하기가 무척 어렵다. 왜냐하면 인플레이션 시기에 값을 9% 또는 10%나 올릴 수 있는지가 지극히 의심스럽기 때문이다. 전국경제인연합회가 2021년 7월 7일 발표한 자료에 따르면, 〈포브스〉가 매년 발표하는 세계 2,000대 기업에 포함된 우리나라 기업 62곳의 영업이익률은 4.5%이었다. 아마 우리나라 기업들의 최소 절반 이상은 순영업이익률이 7.5% 이하일 것이다. 그러므로 인플레이션 압력을 견딜 수 있는 범퍼(bumper)는 앞서 예로 든 회사보다 훨씬 얇을 것이 틀림없다. 더구나 세계의 많은 회사들이 이미 달성하지 못하고 있는 경제이익을 잣대로 들이대면, 기업들의 경제적 범퍼는 더욱더 얇아질 것이다.

간추림

인플레이션이 오면 이익방어가 회사의 중요 과제가 된다.

이익이란 기업이 주어야 할 의무가 있는 모든 것을 주고 남은 것, 따라서 오로지 기업의 임자에게만 귀속되는 잔존금액이다. 이런 의미에서 EBIT와 EBITDA는 이익이 아니다.

인플레이션 시기에는 명목이익과 실질이익의 구분이 아주 중요하다. 궁극적으로 문제가 되는 것은 실질이익의 방어다. 경영자는 결단코 화폐착각(또는 화폐환상)에 빠지면 안 된다.

이제 이익은 "(기업이) 살아남기 위한 비용"으로 해석해야 한다.

가공이익은 최초의 구입원가에 대해서만 감가상각을 하기 때문에 발생한다. 가공이익은 과세 대상이다. 그래서 기업이 기계류 같은 고정자산을 새로 구입할 때 자금조달에 차질이 생긴다. 왜냐하면 실질적인 가치상승 없이 발생한 가공이익에 대해 세금을 낸 상태에서 새 고정자산에 투자해야 하기 때문이다.

경제이익은 기업이 자본비용을 넘어 그 이상 벌어들인 이익이다. 그래서 우리는 이것을 진정한 '기업가의(entrepreneurial) 이익'으로 볼 수 있다. 우리나라를 비롯한 세계 여러 나라의 많은 기업이 인플레이션의 압력을 받으면서 경제이익을 낼 힘이 부족하다. 간단하면서도 현실성이 있는 한 가상의 회사를 예로 들어 계산해본 결과, 인플레이션이 오면 (가격탄력성이 0이라고 가정해도) 기존의 이익수준을 유지하기가 어려움을 알게 되었다.

이 결과를 놓고 보면, 순영업이익률이 대체로 그다지 높지 않은 한국 기업들은 인플레이션을 맞아 경제이익은 고사하고 현재의 명목이익을 유지하는 것만도 상당히 힘겨우리라고 생각된다.

4. 어떻게 이익을 지킬 것인가?

5

인플레이션 시대의 최적가격

경영자는 그 어느 때보다 바로 인플레이션 시기에 최적가격의 결정요인을 이해해야 한다. 왜냐하면 원가상승분을 고객에게 생각 없이 전가하는 '원가가산 가격책정(cost-plus pricing)' 같은 경솔하고 순진한 가격책정 방법은 반드시 피해야 하기 때문이다. 이 책에서 우리는 가격최적화(price optimization)라는 중요한 전문분야를 깊고 포괄적으로 다룰 수는 없다. 관심 있는 독자께서는 우리가 몇 년 전에 출간한 《가격관리론》을 참조하시기 바란다.[1] 여기서는 인플레이션과 직접적인 관련이 있고 또 경영자가 인플레이션에 대처하는 데 도움을 주는 근본적인 핵심내용을 논의하는 것에 그치기로 한다.

〈그림 5-1〉은 가격범위에 영향을 주는 여러 요인을 보여준다. 고객들이 느끼는 가치와 경쟁제품들의 가격은 가격상한선을 이룬다. 고객가치와 경쟁가격이라는 두 제약조건 가운데 더 뚜렷한 경계선을 보이는 쪽이 상한선 결정에 힘을 쓴다. 이 두 요인 모두 어떤 정해진 경계선이 있는 것이 아니고 오히려 경계구역(border zone)의 개념으로 보아야 할 것이다. 한편 기업의 원가는 가격하한선을 결정한다. 이것은 단기적으로는 단위당 변동비(variable unit cost)이고 장기적으로는 총 단위원가(total unit cost)다. 기업의 목표와 법률적 제약은 가격상한선과

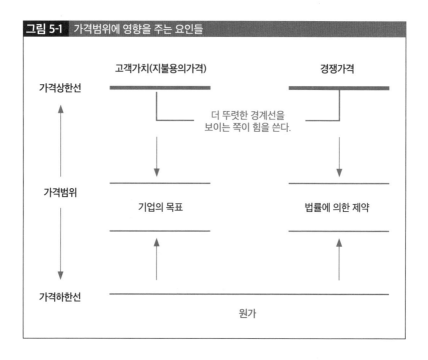

그림 5-1 가격범위에 영향을 주는 요인들

고객가치(지불용의가격)　경쟁가격

가격상한선

더 뚜렷한 경계선을
보이는 쪽이 힘을 쓴다.

가격범위

기업의 목표　　법률에 의한 제약

가격하한선

원가

하한선을 양방향으로(상한선은 아래로 하한선은 위로) 이동시킨다.

인플레이션은 이런 영향요인들에 다음과 같은 변화를 줄 수 있다.

1. 원가가 올라서 가격하한선이 올라간다.

2. 원가상승으로 말미암아 최적가격도 올라간다.

3. 고객의 지불용의가격(willingness to pay)이 어떻게 변할지는 일반
   적으로 말할 수 없다. 고객이 느끼는 값어치가 그대로이면 그
   들의 지불용의가격도 달라지지 않을 것이다. 만일 고객이 가격
   인상의 불가피성을 받아들이면, 지불용의가격이 올라간다. 하

지만 물가상승으로 고객의 구매력이 떨어지면, 지불용의가격이 내려갈 수 있다. 이러한 지불용의가격의 변화와 원가변화의 비율은 이른바 '이익압착(profit squeeze)'이 생길 것인가의 여부를 결정한다.

원가가 올랐는데 지불용의가격이 그대로이거나 또는 떨어지면 기업은 위험한 상황에 빠지게 된다. 인플레이션 시기에는 고객의 지불용의가격이 어떻게 변하는가를 정확히 아는 것이 꼭 필요하다. 왜냐하면 기업이 값을 정할 때 결국은 지불용의가격이 가장 지배적인 요인이기 때문이다.

4. 인플레이션 시기에는 경쟁가격과 경쟁사들의 반응이 가격이 안정된 때보다 더 큰 중요성을 띤다. 우리 회사가 값을 올리고 경쟁사들이 따라오면, 모든 회사가 가격인상에 성공한다. 그러나 경쟁사들이 따라오지 않거나 망설이느라 뒤늦게 따라오면, 이런 성공을 거두기 어렵다. 경쟁사들 가운데 하나가 자진해서 가격선도 기업(price leader)의 구실을 떠맡고 먼저 앞장서면, 다른 회사들은 적응하기가 쉬워진다.

협상가격과 일방적 고정가격

인플레이션이 왔을 때 기업이 어떻게 가격관리를 해야 하는가? 이것에 관한 논의에서 협상가격과 고정가격의 구분은 아주 중요하다.

협상가격(negotiated price)이란, 파는 쪽과 사는 쪽이 합의하여 성립되는 가격을 말한다. 반면에 고정가격(fixed price)의 경우는 한쪽에서 일방적으로 정하며, 상대방은 이 값에 얼마만큼 살 것인가 또는 팔 것인가를 스스로 결정한다. 현실에서는 협상가격이 훨씬 많다. 한 설문조사 결과에 따르면, 응답한 기업의 70%가 고객들과 값을 협상했다고한다.[2]

특히 산업재 업종에서는 협상가격이 태반이다. 반면에 소비재 시장에서는 고정가격이 압도적이다. 그러나 반대의 경우도 물론 있다. 중소기업들은 사무용품이나 작은 부품들을 소비자들처럼 고정가격에 구입하지만 대기업들은 그런 제품들조차 포괄적 계약을 통해(가격을 협상하여) 사들인다. 그런가 하면 소비자들은 집이나 자동차를 살 때 또는 집을 지을 때같이 큰돈이 나가는 경우에는 상대방과 협상한다. 하지만 개인 소비자가 슈퍼마켓이나 약국에서 협상을 하는 일은 매우 드물다. 그러나 시장경제에서 소비자가 파는 쪽과 가격협상을 하든 말든 그것은 그의 자유이다. 비싼 옷이나 가전제품 같은 내구재 또는 솜씨가 필요한 고급 서비스를 구매할 때는 가격협상을 시도해봄 직하다. 예를 들어, 고객이 처음에는 신용카드로 지불하겠다고 말을 꺼낸 다음 이어서 깎아주면 현금을 주겠다고 제안하는 수법은 때로는 효과가 있다.

그러면 인플레이션과 관련해 이 두 상황(협상가격 또는 고정가격)은 어떤 시사점이 있는가? 협상의 관건은 파는 쪽이 "얼마만큼의 가격인상을 관철할 수 있느냐?"다. 그래서 판매자는 거래를 성사시키기 위해 협상의 여러 측면에 대해 세심하게 주의하며 많은 힘을 기울인다. 협상은 주로 영업부서에서 담당하는데, 협상 당사자의 구실이 아주 중요하다. 구매자는 2가지 결정을 해야 한다. 하나는 "얼마의 가격에 합의하느냐"이고, 또 하나는 "그 값에 몇 단위를 살 것이냐"다.

반면 고정가격의 경우에는, 구매자는 두 번째 결정, 즉 구매량만 정하면 된다. 가격·판매량·이익의 기본적인 관계는 이 두 상황에 모두 적용된다. 이것은 협상에서 가능하면 높은 가격을 얻어내는 것이 판매자에게 능사인 것만은 아님을 뜻한다. 이것은 판매량이 미리 정해져 있을 때만 의미 있는 협상목표다. 합의된 가격이 비싸서 고객이 적게 구매하면, 오히려 이익이 줄어들 수 있다. 따라서 산업재 시장이건 소비재 시장이건 중요한 것은 가격에 대한 구매자의 반응, 즉 가격탄력성이다.

다양한 인플레이션율과 순시장포지션

우리가 경제 전체의 물가상승률에만 주목하면, 업종과 기업에 따라 인플레이션의 영향이 크게 다르다는 사실을 간과하기 쉽다. 이와 관련하여 해외의 두 대조적인 사례를 소개하고자 한다. 독일의 텔레커뮤니케이션 산업은 10년 동안 매출액이 명목금액으로 5% 늘었다. 그러나 인플레이션 효과를 제거하면, 텔레커뮤니케이션 요금이 크게 떨어졌기 때문에 실제로는 10%나 줄어들었다. 갖가지 혁신을 하고 서비스를 상당히 개선했는데도 불구하고 이런 초라한 결과가 나온 것이다. 즉, 이 산업은 인플레이션율에 맞춰 값을 올리지 못했다는 결론이 나온다.

반면 독일의 자동차 산업은 똑같은 10년 동안 명목 매출액은 30%, 실질 매출액은 11% 늘었다. 이 산업은 개선된 성능을 바탕으로 자동차값을 물가상승률보다 더 많이 올릴 수 있었다. 지몬-쿠허가 전 세계의 경영자 3,904명을 상대로 실시한 설문조사에서 응답자들은 각각 1/3씩 인플레이션율보다 낮게, 인플레이션율만큼, (인플레이션율보다) 더 높게 값을 올렸다고 대답했다.[3]

이것은 개별 기업과 산업이 인플레이션으로부터 받은 영향이 서로 매우 다름을 뜻한다. 어떤 회사나 업종은 물가가 올라가는 추세에 올라타서 혜택을 보고, 다른 회사 또는 업종은 실질적인 가격하락을 받아들여야 한다.

인플레이션은 판매가격과 조달가격, 즉 원가에 영향을 미친다. 원가와 고객의 지불용의가격의 차이가 시간이 지나면서 어떻게 전개되는가는 한 제품 또는 기업의 이익 상황을 결정짓는 핵심요인이다. '순시장 포지션(net market position)'이라고 불리는 이 차이는 기업이 떠안게 된 원가상승분을 얼마만큼 (고객들에게) 전가할 수 있었고, 또 얼마만큼 이익을 희생시키는 형태로 스스로 흡수해야 했는가를 나타내는 척도다.

원가는 낮게, 고객의 지불용의가격은 높게

앞서 4장에서 가상의 회사를 예로 들어 원가가 10% 올랐을 때 이익이 어떤 영향을 받는가를 논의했다. 그 회사의 사례는 값이 올라도 판매량은 변하지 않는다고 가정했는데, 이번에는 조금 더 현실에 가까운 경우, 즉 값이 오르면 판매량이 떨어지는 상황을 살펴보자. 이럴 때는 말할 것도 없이 가격반응함수의 기울기가 마이너스다.

4장에서와 똑같은 수치로 살펴보면, 제품의 개당 변동비는 6,000원이고 고정비는 3억 원이다. 그리고 원가함수는 선형(線型)이라고 가정한다. 따라서 개당 변동비는 한계비용과 같다. 인플레이션이 최적가격에 미치는 영향을 밝히기 위해 우리는 아래의 가격반응함수를 쓴다.

[수식 5-1]

$$q = 3,500 - 25p$$

판매량 q의 단위는 100개, 그리고 가격 p의 단위는 100원이다. 우리가 가격반응함수와 원가함수가 모두 선형이라고 가정하면, 인플레이션이 이익에 미치는 영향과 그 결과 도출되는 최적가격을 가장 간단하게 보일 수 있다. 그럼에도 불구하고 그 효과를 간파하는 것은 결코 쉽지만은 않다. 그래서 인플레이션의 영향을 잘 이해하기 위해 우리가 지금부터 제시하는 여러 관계를 철저히 익히시도록 독자들께 간

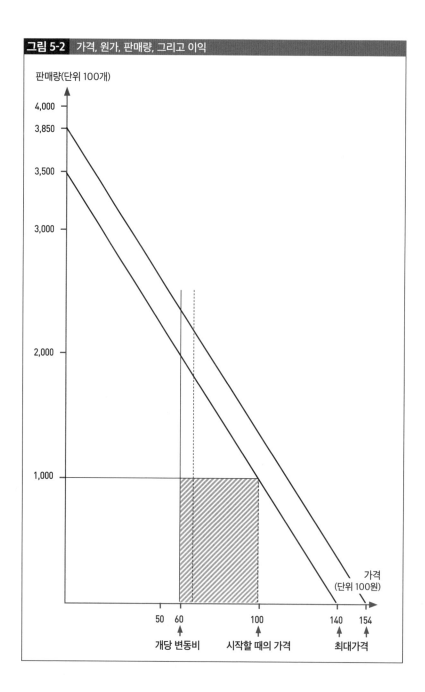

그림 5-2 가격, 원가, 판매량, 그리고 이익

판매량(단위 100개)

4,000

3,850

3,500

3,000

2,000

1,000

가격
(단위 100원)

50   60   100   140   154

개당 변동비   시작할 때의 가격   최대가격

곡히 부탁드리는 바이다. 물론 현실은 이보다 더 복잡하지만, 우리의 모델은 기본적인 이해를 하는 데 큰 도움이 된다. 〈그림 5-2〉는 우리가 분석하고자 하는 상황을 보여주고 있다.

인플레이션이 시작되기 전의 가격반응함수($q = 3,500 - 25p$)는 1만 4,000원에서 x축, 즉 가격축과 만난다. 이것은 고객들이 지불할 용의가 있는 가장 높은 가격이다. 왜냐하면 이 가격이 되면 값이 너무 높아 판매가 전혀 이루어지지 않기 때문이다. 이러한 가격을 우리는 최대가격(maximum price)이라고 부른다. 가격반응함수가 선형일 때는 최대가격이 고객의 지불용의가격 척도다. 값이 제로일 때 회사가 거두게 될 최대판매량은 35만 개다($3,500 \times 100$). 가격반응함수와 원가함수가 모두 선형이면, 이익을 가장 크게 하는 가격은 최대가격 1만 4,000원과 개당 변동비 6,000원 사이의 딱 중간에 있으므로 1만 원이다.[4]

값이 1만 원일 때의 판매량은 10만 개($1,000 \times 100$), 매출액은 10억 원, 그리고 공헌마진은 4억($10억 원 - 6,000원 \times 10만 개$) 원이며 그림에 빗금이 채워진 직사각형으로 표시되어 있다. 공헌마진 4억 원에서 고정비 3억 원을 빼면 1억 원의 이익이 남는다. 출발 당시의 이 시나리오는 4장에서 우리가 이미 기술한 것과 같고, 〈그림 5-3〉의 '시나리오 가'다.

이제 여러 시나리오를 검토해보자. 모든 시나리오에서 원가는 10%

오르지만 고객의 지불용의가격과 그때그때의 가격은 달라진다. 지금부터 우리가 제시하는 시나리오들은 〈그림 5-2〉를 통해 쉽게 이해할 수 있다. 각 시나리오를 그림에 표시하면 오히려 더 혼란스러울 듯하여 우리는 일부러 그렇게 하지 않았다. 각 시나리오의 내용과 관련 수치들은 〈그림 5-3〉에 있는 바와 같다.

'시나리오 나'는 원가가 10% 오르고, 변동비뿐만 아니라 고정비도 오른다. 10% 오른 개당 변동비는 〈그림 5-2〉에 파선으로 표시되어 있다. 고객의 지불용의가격은 변하지 않는다. 즉, 최대가격은 그대로 1만 4,000원이다. 회사는 가격결정력이 없기 때문에 값을 올릴 수가 없다. 따라서 매출액도 그대로다. 그러나 공헌마진은 3억 4,000만 원으로 떨어지고, 이것에서 3억 3,000만 원으로 오른 고정비를 빼면 이익이 1,000만 원밖에 안 된다. 결국 원가가 10% 올랐을 경우, '시나리오 나'에서는 공헌마진이 60% 줄고, 이익은 90% 감소한다.

'시나리오 다'는 원가가 10% 오르고, 고객의 지불용의가격과 최대가격은 변하지 않고 그대로 1만 4,000원이다. 그러나 회사는 원가상승분을 그 비율 그대로 가격에 반영시킨다. 따라서 값은 1만 원에서 1만 1,000원으로 오른다. 그러면 판매량이 7만 5,000(750 × 100)으로 떨어지며, 따라서 매출액도 8억 2,500만 원(750 × 110 × 1,000만)으로 줄어든다. 그 결과 공헌마진은 3억 3,000만 원이 되고 이익은 제로다. 이 시나리오에서는 가격탄력성이 −2.5(−25% ÷ 10%)인데, 이것은 매우 현실적인 수치이며 절대로 과장이 아니다.[5]

시나리오		가격 (단위 100원)	판매량 (단위 100개)	매출액 (단위 1,000만 원)	변동비 (단위 1,000만 원)	공헌마진 (단위 1,000만 원)	고정비 (단위 1,000만 원)	이익 (단위 1,000만 원)
그림 5-3 원가가 10% 올랐을 때의 여러 시나리오								
가	출발 당시의 상황	100	1,000	100	60	40	30	10
나	원가+10% 최대가격 그대로 가격 그대로	100	1,000	100	66	34	33	1
다	원가+10% 최대가격 그대로 가격+10%	110	1,000	82.5	49.5	33	33	0
라	원가+10% 최대가격 그대로 가격 최적화	103	925	95.3	61	34.3	33	1.3
마	원가+10% 최대가격 + 5% 가격 최적화	106.5	1,012.5	107.8	66.8	41	33	8
바	원가+10% 최대가격 + 10% 가격 최적화	110	1,100	121	72.6	48.4	33	15.4

　　가격탄력성은 판매량 변화율(%)을 가격의 변화율(%)로 나누어 얻는 숫자다. 이 두 변화율은 각각 서로 다른 (숫자 앞의) 부호를 갖고 있으므로, 가격탄력성은 마이너스다. 그러나 실제로는 흔히 그것의 절댓값이 고려대상이다. 가격탄력성의 절대치가 높다는 것은 소비자들이 값의 변화에 민감하게 반응한다는 뜻이다. 이 보기에서 값을 원가상승률과 똑같은 백분율로 10% 올리지 않고 개당 변동비가 오른 절대

액만큼, 즉 600원만 올려 값을 1만 600원으로 하면, 이익은 '시나리오 나'에서 얻은 것과 똑같이 1,000만 원이 된다.[6]

'시나리오 라'는 원가와 지불용의가격(최대가격)이 '시나리오 다'의 경우와 똑같지만, 회사는 최적가격을 찾아 그 값에 판매한다. 최적가격은 원가가 10% 올라서 6,600원이 된 개당 변동비와 변하지 않는 최대가격 1만 4,000원의 딱 중간이므로 (6,600원 + 1만 4,000원) ÷ 2 = 1만 300원이다. 즉, 원가상승분의 절반만 고객들에게 전가된다. 이때의 이익은 1,300만 원이다. 이익이 무려 87%나 줄어든 것이다.

'시나리오 마'는 원가가 10% 오르지만, 앞의 3가지 시나리오와는 달리 지불용의가격도 5% 오른다. 그래서 최대가격은 이제 1만 4,700원이다. 이익을 가장 크게 하는 최적가격은 (6,600원 + 1만 4,700) ÷ 2 = 1만 650원이다. 이 경우의 이익은 8,000만 원이다. 지불용의가격도 올랐지만, 그 상승률은 원가상승률에 못 미친다. 이익은 원래의 이익에 비해 20% 낮다.

'시나리오 바'는 원가와 지불용의가격(최대가격)이 모두 같은 비율인 10% 오른다. 그래서 이제 최대가격은 1만 5,400원이다. 그리하여 가격반응함수도 〈그림 5-2〉에 있는 바와 같이 위로 이동한다. 최적가격은 10% 오른 개당 변동비 6,600원과 최대가격 1만 5,400원 사이의 한가운데에 있으므로 (6,600원 + 1만 5,400) ÷ 2 = 1만 1,000원이다. 이때의 판매량은 10% 늘어 11만 개(1,100 × 100)다. 이 시나리오에서만 이익이 늘어난다. 시나리오 '마'와 '바'에서 알 수 있듯이, 인플레이션 시대에 이익을 지키기 위해서는 고객들의 지불용의가격이 올라가는 것이 결정적으로 중요하다. 이러한 통찰이 주는 시사점을 우리는 이렇게 표현하고자 한다.

"인플레이션을 맞아 기업은 효율을 높이고 원가를 줄이는 데 힘을 기울여야 할 뿐만 아니라, 고객들의 지불용의가격을 높이기 위한 조치를 해야 한다."

혁신, 높은 지불용의가격이 있는 목표집단에 집중하기, 상표력 강화, 영업사원 역량향상 등이 그런 조치에 속한다. 하지만 회사가 이런 조치들을 취하려면 추가적인 투자를 해야 하므로 이익이 떨어지는 상황에서는 문제가 있을 수 있다. 이 문제는 다음 장에서 좀 더 깊이 다룰 것이다.

〈그림 5-3〉에는 명목이익이 열거되어 있다. 인플레이션의 영향을 제거한 실질이익은 이들보다 10% 낮다. 그뿐 아니라 우리는 경쟁가격과 경쟁사들의 반응을 고려하지 않았다. 이것은 경쟁사들이 같은 방향으로 움직인다는 가정이 암묵적으로 깔려 있음을 뜻한다.

지금까지 분석한 내용에서 우리는 기업을 위해 어떤 결론을 끌어낼 수 있는가? 보기로 제시한 모델에서 지금까지 썼던 선형 원가함수와 (선형) 가격반응함수는 원가와 가격의 비율관계가 (여기서 쓴 것과) 크게 다르지 않은 범위 내에서는, 꽤 쓸모 있을 정도로 현실을 웬만큼 반영한다. 지몬-쿠허도 많은 프로젝트에서 이런 간단한 모델을 쓴다고 한다. 그런 의미에서 우리가 여기서 얻은 갖가지 통찰은 경영 실무에 큰 도움이 될 것이고, 우리가 이 책에서 경영자들에게 제안하고자 하는 주요 사항에 속한다.

원가가산 가격책정은 비율로 가산하건 또는 절대액을 원가에 더하건 상관없이, 인플레이션 시기에는 값이 안정된 때보다 더 부적절하다. 이 기법이 고객들의 지불용의가격이 변한다는 사실을 무시하기 때문이다.

기업이 이익감소를 막고 이익을 지키고자 할 때 무엇보다 문제가 되는 것은 고객들의 지불용의가격이다. 원가는 오르는데 지불용의가격이 달라지지 않으면 금방 이익이 크게 줄어든다. 이럴 때의 이익감소율은 매출액 하락률보다 몇 배나 더 크다. 여기 나온 계산결과가 보여주다시피, 기업은 원가상승분을 고스란히 고객들에게 전가하면 안되고 그것의 일부를 스스로 흡수해야 한다.

실제로 우리는 현실에서 기업들의 이러한 이성적 행태를 자주 본다. 뛰어난 저가전략으로 세계적인 명성을 누리고 있는 독일의 식품 소매 회사 알디(Aldi)는 우윳값이 10센트 올랐을 때 7센트만 전가한다고 발표한 바 있다.[7]

또 이 문제에 대해 유럽의 어느 소매업계 최고경영자는 이렇게 말했다.

"개별 소매상들이 어느 정도의 마진을 희생해야 합니다."[8]

그러면서 그는 제조업계를 향해 원가상승분의 일부만 공장도가격(ex-factory price)에 반영해달라고 호소했다고 한다. 원가가 올랐는데 고객들의 지불용의가격이 더불어 오르지 않으면 불가피하게 이익이 줄어든다. 지불용의가격도 함께 오르지만 원가보다 더 작게 오르면, 이런 경우에도 대체로 지금까지의 이익수준을 유지하기 힘들다. 지불용의가격이 크게 오르거나 또는 원가상승률보다 더 높은 비율로 올라야만, 이익을 유지하거나 더 늘릴 수 있다. 앞의 보기에서는 '시나리오 바'가 바로 이런 경우인데, 그러나 인플레이션 시기에는 이런 상황이 극히 드물게 일어난다.

끝으로 우리는 이 분석을 통해 우리가 지금까지 벌써 몇 차례나 했던 발언의 타당성을 확인하게 된다. 즉, 기업은 구매자들의 행동과 그 변화에 관한 정보를 무조건 수집해야 한다. 구매자의 지불용의가격을 모른 채 기업이 가격을 조정한다면, 이것은 마치 안개 속에서 이것저것 쑤셔보는 것과 다르지 않다. 이 장에서는 명시적으로 고려하지 않았지만 7장에서 다루게 될 '경쟁사들의 영향'에 대해서도 우리는 똑같은 말을 할 수 있다.

간추림

인플레이션 조건 아래서 기업이 최적가격을 정하려면 다음 사항들에 유념해야 한다.

최적가격은 고객가치, 원가, 그리고 경쟁가격에 달려 있다. 이 3가지 요소는 값이 안정되었을 때와 마찬가지로 인플레이션 시기에도 최적가격을 결정한다.

고객가치는 지불용의가격을 결정하고 따라서 가격상한선(최대가격)을 이룬다. 원가는 가격하한선을 결정하고, 경쟁가격은 한 회사가 가격을 책정할 수 있는 범위를 결정한다. 이 3가지 결정요소가 잠재적으로는 모두 인플레이션의 영향을 받는다. 그래서 기업은 그것들이 각각 어떻게 변하는지 알아야 한다.

궁극적으로 문제가 되는 것은 이른바 순시장포지션의 변화다. 즉, "회사가 부담해야 하는 원가"와 "고객들의 지불용의가격"의 차이가 어떻게 전개되느냐가 중요하다.

원가가 오른 그 증가율만큼, 또는 원가상승분 절대액을 고스란히 고객들에게 전가하는 것은 대체로 바람직하지 않다. 오히려 원가상승분을 회사와 고객들이 나누어서 흡수하는 편이 더 낫다.

순시장포지션이 약해지면 기업의 이익이 심각하게 줄어든다. 지불용의가격이 오르지 않는 한 이 사실은 거의 달라지지 않는다. 지불용의가격이 충분히 오를 때만 기업은 실질이익을 유지하거나 늘릴 수 있다.

따라서 기업은 원가절감 조치를 함과 동시에 지불용의가격을 올리기 위해 고객가치 및 가격결정력을 강화하는 데 힘을 쏟아야 한다. 하지만 인플레이션 상황에서는 많은 기업이 이런 노력을 기울이는 데 필요한 재무자원 조달에 어려움을 겪을 수 있다.

6

고객가치를 높여라

지난 수십 년간 우리는 이런 질문을 참 많이 받았다.

"기업이 값을 매기는 데 있어서 가장 중요한 측면은 무엇입니까?"

우리의 답변은 늘 똑같았다.

"고객가치(value-to-customer)입니다."

조금 더 정확하게 말하면 '고객이 느끼는 가치'다. 5장에서 〈그림 5-1〉을 통해 밝혔듯이, 고객이 지불할 용의가 있는 가격, 그리하여 판매자가 이 가격을 받을 수 있는 가능성은, 바로 이 '고객이 주관적으로 느끼는 가치'를 반영한다.

이 간단한 통찰은 전혀 새로운 것이 아니다. 고대 로마인은 이미 이 관계를 잘 이해했던 것으로 보인다. 왜냐하면 라틴어로 '가격'이 'pretium'인데, '가치'에 해당하는 말도 'pretium'이기 때문이다. 즉, 로마인들은 가치와 가격을 동일시했던 것이다. 이러한 사고방식은 가격문제에 접근하는 기본 원칙으로서는 썩 괜찮은 것이다. 이러한 원칙은 경영자로 하여금 무엇보다 먼저 고객의 관점에서 바라본 가치에 주목하도록 하기 때문이다. 그런데 재미있는 것은 우리말에도 이와 비슷한 현상이 발견된다는 사실이다. '가격'의 순우리말은 '값'이며 가치는 '값어치'다. 즉, 우리말에서도 가격과 가치는 같은 어원을 갖고 있다. 한마디로 기업은 소비자들이 느끼는 가치를 명확히 알아야만 가격을 제대로 정할 수 있다.

'가치 = 가격'이라는 이 간단한 방정식을 중시하는 회사는 값을 매길 때 절대로 큰 실수를 저지르지 않는다. 이 방정식은 또한 구매자에게도 적용된다. 서양의 격언 중에 "구매자는 그가 지불한 것만큼 받는다."는 것도 있다. 즉, 구매자가 "지불한 가격"이 그가 "얻는 가치"란 말이다.

그러면 이상의 논의가 인플레이션과 싸우는 기업들에 주는 시사점은 무엇인가? 한마디로 '인플레이션에 적응하며 고객가치를 조정해야 한다'는 것이다. 이것은 가치 높이기, 가치에 관한 커뮤니케이션, 그밖의 다른 방법으로 고객가치에 영향을 주기 등을 뜻할 수 있다.

고객가치를 어떻게 높일 것인가?

기본적으로 고객가치 높이기는 성공적으로 값을 올리기 위한 전망이 밝은 출발점이다. 여기서 결정적인 질문은 "기업이 인플레이션 조건 아래서 고객이 느끼는 가치를 과연 높일 수 있는가? 그리고 (높일 수 있다면) 어떻게 높일 수 있는가?"다. 기업이 고객가치를 높이는 데 성공하면, 지불용의가격이 올라가고 그래서 값을 올릴 수 있게 된다.

고객이 느끼는 가치를 늘리기 위한 출발점은 여러 종류다. 〈그림 6-1〉은 지몬-쿠허가 이와 관련하여 최근에 실시한 설문조사의 결

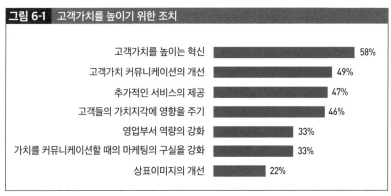

그림 6-1 고객가치를 높이기 위한 조치

고객가치를 높이는 혁신 ████████████ 58%

고객가치 커뮤니케이션의 개선 ██████████ 49%

추가적인 서비스의 제공 ██████████ 47%

고객들의 가치지각에 영향을 주기 ██████████ 46%

영업부서 역량의 강화 ███████ 33%

가치를 커뮤니케이션할 때의 마케팅의 구실을 강화 ███████ 33%

상표이미지의 개선 █████ 22%

출처: 지몬-쿠허

과다.[1]

응답자들에게 던진 질문은 "어떤 가치지향적 조치를 통해 가격에 대한 압박을 줄일 수 있는가?"였다. 이 그림에서 알 수 있다시피, 기업이 제공하는 제품이나 서비스를 개선하여 고객가치를 늘리는 방안과 더불어 그 고객가치를 잘 알리는 작업도 매우 중요하다. 그러면 개별 조치들을 더 자세히 살펴보기로 한다.

기대에 못 미치는 디지털 혁신

기업들은 혁신이야말로 고객가치를 높이기 위한 도구로서, 다른 어느 것보다 훨씬 더 중요하다고 본다. 그들의 이런 생각 자체는 그다지 놀랍지 않은데, 실은 지난 몇 년 동안 비슷한 조사에서 늘 같은 결과가 나왔다. 그러나 기업들의 성적표를 보면 그야말로 가지각색이다. 예를 들어, 응답자들의 72%는 그들의 혁신활동이 매출 및 이익의 증대에 관한 한 기대에 못 미쳤다고 대답했다.[2]

더 정신을 번쩍 들게 하는 것은, 기업들이 디지털 혁신을 해본 결과였다. 디지털 혁신은 주로 원가를 내리는 데 활용되는데, 지몬-쿠허의 분석결과에 따르면 고객가치 상승에 대한 이것의 기여도는 1/4에 지나지 않는다고 한다. 이러한 평가는 독일 연방정보기술미디어협회(Bitkom)에서 실시한 조사에서도 확인된다. 이 협회의 조사에 응답한 기업들의 27%만이 데이터 주도형(data-driven) 사업모델이 그들의 사업성공에 크게 또는 매우 크게 이바지했다고 답했다.[3]

그러한 답변의 주된 원인은, "고객들이 신제품 또는 디지털 제공물이 자신들에게 더 나은 가치를 가져다준다고 느끼지 못하기 때문"이다. 예를 들어, 디지털 기기 또는 디지털 프로세스의 사용자들은 장착되어 있는 장치들 가운데 아주 많은 것들을 모르고 있거나 너무 복잡해서 그것들을 활용하지 않는다. 기업이 이런 것들을 개발하는 과정에서 고객가치를 이해하고 그것을 측정하는 노력을 게을리했음이 틀림없다.

또 다른 문제는 고객가치를 높이기 위한 연구개발은 시간이 오래 걸리고 또 상당한 투자를 해야 한다는 사실이다. 이 2가지 필요조건은 인플레이션이 급박하게 몰아닥치는 시기에는 경영에 걸림돌이 될 수 있다. 연구개발 예산을 오히려 깎아야 할지도 모른다. 혁신에 소요되는 시간은 기업이 마음대로 단축할 수 없다. 하지만 만일 기업이 인플레이션이 왔음에도 불구하고 혁신예산과 혁신속도를 유지할 수 있다면, 그렇게 하는 편이 더 나을 것으로 보인다.

기업은 또한 혁신을 하는 데 있어서 한층 더 고객가치에 초점을 맞추어야 한다. 그러나 한편으로 기업은 혁신활동을 통해 고객가치와 지불용의가격을 빨리 높일 수 있으리라는 환상을 버리는 것이 좋다. 기업 경영의 다른 모든 부문에서도 그래야 하듯이 연구개발 분야에서도 경영자는 현실성이 없는 목표나 일에 매달릴 필요가 없다.

단기적 이점과 구체적 효과를 제시하라

〈그림 6-1〉에서 보는 바와 같이, 많은 기업이 고객가치를 더 잘 알리는 것을 가격압박을 줄이기 위한 중요한 조치로 여기고 있다. 상표 이미지, 커뮤니케이션의 내용, 마케팅 부서의 구실, 편익과 가치를 잘 전달할 수 있는 영업사원들의 능력 등이 고객가치 커뮤니케이션을 개선하는 데 큰 힘을 발휘할 수 있다.

예를 들어, 미국의 대표적인 소비재 회사 킴벌리클라크(Kimberly-Clark)는 "더 많은 마케팅 예산으로 목표로 삼은 가격인상을 뒷받침한다."고 발표한 바 있다.[4] 인플레이션 시대에 기업이 커뮤니케이션할 때는 원가나 편익 면에서의 뚜렷하고 확실한 이점을 강조하는 편이 더 낫다.

흔히 이미지 광고에서는 더 부드러운(softer) 내용이 큰 몫을 차지하는데, 이런 커뮤니케이션은 (인플레이션 시기에는) 대체로 적합하지

6. 고객가치를 높여라

않다. 고객들이 내구재를 살 때 에너지소비량, 내구성, 잔존가치 (residual value) 등에 한층 더 주목한다면, 기업은 당연히 이런 측면들을 더 부각시켜야 한다. 산업재의 경우에는 정상적인 시기에도 이런 산업재 마케팅의 원칙이 중시되지만, 인플레이션이 오면 이것의 준수가 더더욱 중요해진다.

또 인플레이션이 오면 고객들이 '장기'보다는 '단기'를 선호하는 경향을 보인다. 그래서 기업은 장기적으로 효과가 나타나는 이점보다는 단기적 이점을 내세우는 편이 더 낫다. 예를 들어, 인플레이션이 오면 B2B 시장 고객은 투자의욕이 줄어들고, 원가를 빨리 절감시켜주는 제품과 서비스가 인기를 끈다. 그래서 영업사원들은 당장 원가를 줄여주는 방법을 더욱 강조하는 것이 좋다.

기업이 이렇게 커뮤니케이션 방향을 다시 잡으려면 고객들의 요구사항이 어떻게 달라졌는가를 소상히 알고 있어야 함은 두말할 나위도 없다. 커뮤니케이션 활동도 물론 예산과 시간의 제약을 받는다. 한편 상표 이미지를 크게 개선하는 작업은 장기 프로젝트다. 주로 가격을 내세우며 영업을 하던 영업사원들로 하여금 가치를 강조하는 영업을 하도록 만들려면 재교육이 필요할 뿐만 아니라 영업문화 자체를 새 정책에 맞도록 바꾸어야 한다.

그런데 재미있는 것은, 응답자의 46%가 고객들의 '가치지각(value perception)'에 영향을 주는 조치를 언급하고 있다는 사실이다. 기업이 정말로 그런 조치를 취해서 고객의 가치지각에 성공적으로 영향을 주면, 그런 행위는 결과적으로 그들의 구매의향과 지불용의가격을 올리는 데 크게 도움이 될 것이다. 예를 들어, 현재 고객들이 느끼는 열펌프(heat pump)의 가치는 석유 또는 가스 난방시스템과 견주어볼 때 상당히 달라지고 있다. 그 결과 열펌프는 기존의 난방시스템보다 값을 올릴 수 있는 여지가 더 많으며, 따라서 이번 인플레이션을 상대적으로 더 수월하게 넘길 것으로 생각된다.

돈이 안 드는 추가적인 서비스를 개발하라

추가적인 서비스의 제공은 〈그림 6-1〉에서 보다시피 고객가치를 높일 수 있는 대안 중 세 번째로 많이 언급되고 있다. 고객들이 기대하고 높이 평가하는 서비스를 기업이 지금까지 제공하지 않았다면, 이것은 고객가치를 높일 수 있는 현실적인 기회다. 추가적인 서비스에 관한 한, 그 가능성은 참으로 다양하다. 배달서비스, 설치, 도움말, 중고제품 회수, 신속 처리, 쾌적한 시설에서 다과 제공 등 열거하자면 끝이 없다.

여기서 말하는 서비스는 미용실이나 병원에서 기다릴 때 커피를 대접한다든가 하는 등의 지극히 진부한 것일 수도 있지만, 교육훈련·계속교육(continuing education) 같은 복잡한 서비스일 수도 있다. 제품이 더 복잡해지는 추세이고, 직원들의 교육수준이 높지 않은 나라에 복잡한 제품을 수출하는 사례가 늘어나고 있기 때문에 앞으로 교육서비스의 중요성은 더욱 커질 것이다.

기업이 추가적인 서비스로 고객이 느끼는 가치를 높이고, 그리하여 그들의 지불의향가격도 높일 수 있는 기회는 분명히 있다. 그러나 추가적인 서비스의 제공은 부정적인 측면도 있다. 서비스를 제공할 인원이 필요하게 되고 원가를 발생시키기 때문이다. 인플레이션을 맞아 '이익압착'에 시달리고 있는 상황에서, 기업이 추가로 돈이 드는 일을 하기는 결코 쉽지 않다.

반면에 여러 가지 사정으로 기업의 유·무형 시설·자원이 완전가동되고 있지 않으면, 제품에 친숙한 직원들이 추가적인 서비스를 제공할 수 있다. 인플레이션 시기에 이런 상황이 생기면 2가지 이점이 있다. 하나는 이런 직원들은 값을 올릴 수 있는 여지를 만들어낸다. 또 하나는 빈둥빈둥 노는 직원들이 줄기 때문에 회사 내부의 근무 분위기에 긍정적인 영향을 끼친다.

원가만 생각하면 대체로 추가적인 서비스의 디지털화가 괜찮다. 그러나 디지털화된 추가적인 서비스가 고객들의 지불용의가격과 충성심에 미치는 영향은 사람이 직접 제공하는 서비스보다 덜 확실하고 아마 더 약할 것이다. 많은 제조 회사들은 고객에게 추가적인 서비스를 베푸는 것을 성가시게 생각하고 그래서 그런 일을 좋아하지 않는다. 왜냐하면 서비스 제공은 제조공장과는 다른 조직시스템과 관리시스템을 필요로 하기 때문이다. 이런 태도로 말미암아 기업이 인플레이션 시대에 고객가치와 지불용의가격을 높일 기회를 놓쳐서는 안 될 것이다. 값을 꼭 올려야 하는 상황에서 이런 태도를 견지할 수 있는 회사는 아마 없거나 매우 드물 것이다.

고객의 불안을 해소해주는 과감한 보장

인플레이션이 오면 고객들은 불안·공포·불확실성에 시달리고, 위험을 회피하고자 한다. 그래서 기업은 고객이 느끼는 위험과 불안감을 이해하고, 그에 걸맞은 해결책을 제시해야 한다. 과감한 보장은 그 전형적인 방법의 하나다. 다음의 사례를 보자.

독일의 세계적인 풍력에너지 설비 회사 에네르콘(Enercon)은 종업원 1만 3,000명 가운데 3,000명 이상을 서비스에 투입할 정도로 (서비스에) 힘을 기울인다. 이 회사의 유명한 서비스 프로그램인 EPK(Enercon Partner Konzept)는 고객들에게 설비를 해준 첫해부터 12년간 변함없는 상태로 가동할 수 있도록 보장해준다. 점검부터 안전서비스는 물론이고 손질과 수선에 이르기까지 모든 돌발적 사태를 책임지고 해결해준다는 내용이 계약서에 들어 있다.

또 서비스 가격은 고객이 풍력발전 시설을 써서 얻는 수익에 달려 있다. 즉, 에네르콘은 고객과 위험을 분담하며, 따라서 고객이 떠안는 객관적인 위험은 현격히 줄어든다. 이러한 제안은 고객에게 최고의 매력으로 다가온다. 그래서 고객들 가운데 90% 이상이 EPK 계약을 맺는다. 그뿐 아니라, 에네르콘은 12년의 계약기간 중 첫 6년간은 서비스 가격의 절반을 회사가 부담한다. 고객을 위한 이러한 위험 부담과 보장은 비용을 수반하기 마련이다. 그러나 에네르콘은 그러한 비용을 충분히 감당할 수 있다. 왜냐하면 이 회사의 모든 제품이 워낙 품질이 좋고, 특히 기어가 없는 풍력터빈을 생산하기 때문이다. 대체로 기어는 고장을 많이 일으키고 자주 정비해야 하는데, 그럴 필요가 없으니 에네르콘은 고객들에게 97%의 가동률을 보장할 수 있다. 그러나 실제 가동률은 99% 이상이므로, 가동률 보장은 에네르콘에게 금전적으로 아무런 부담이 되지 않는다.[5]

공급 회사의 관점에서 회사와 고객이 위험을 가장 적합하게 분담하도록 하려면, 회사는 먼저 고객이 위험과 불확실성을 얼마만큼 인식하고 있는지 파악해야 한다. 고객들의 위험, 불확실성 인지가 결정적인 구매 장애요인인가 또는 그렇지 않은가? 그것을 정확히 알고 난 다음, 공급 회사는 자사가 떠안게 되는 위험이 어느 정도인지를 아주 신중히 평가해야 한다. 또 고객이 지불불능 상태가 될 경우 피해를 최소화할 수 있도록 계약내용을 작성해야 한다. 경우에 따라 압류의 가능성도 미리 열어놓아야 한다.

적합하지 않은 도구들

어떤 도구가 고객가치를 높이는 데 과연 적합한가? 그리고 적합하다면 얼마나 적합한가? 이것은 기업이 부딪히고 있는 위기의 성격에 달려 있다. 2008년 9월 15일, 리먼브라더스가 파산하면서 무서운 속도로 세계 경제를 강타했던 글로벌 금융위기는 기본적으로 '수요위기(demand crisis)'였다. 즉, 수요가 갑작스럽고 급속하게 줄어들면서 발생한 예기치 못한 경제 위기였다. 그래서 이럴 때 기업이 취해야 하는 조치는 수요의 위기라는 위기의 성격에 맞춰 판매를 촉진하고 고용을 유지하는 데 도움이 되어야 한다. 예를 들면, 다음과 같은 조치들이 수요위기를 극복하는 데는 적합하다.

- 기계류 같은 내구재의 경우 시험적인 사용기간을 제공한다.
- 너그럽게 자금을 융통해주고 지급기한을 늦춰준다.
- 물물교환을 받아들인다.
- 제품 판매 회사에서 시스템 제공 회사로 변신한다.
- 물품할인을 해준다. 즉, 제품의 값을 내리지 않는 대신 물품을 더 주는 형태로 할인해준다.
- 제품구색(product assortments)을 늘린다.

그러나 이런 조치들은 인플레이션과의 싸움에서는 덜 적합하거나 전혀 적합하지 않다. 너그럽게 자금을 융통해주고 지급기한을 늦춰주면 이자율이 높아지고 돈의 가치가 계속 떨어지므로, 회사에 도움이 안 된다. 회사가 물물교환을 허용하고 그렇게 해서 받아들인 물품을 자체 수요의 충당을 위해 활용할 수 없으면, 그런 물품의 값을 올려야 하는 어려운 문제에 부딪힌다.

제품구색을 늘리고 시스템 제공 회사로 변신하려면 상당한 투자가 필요하고, 이런 투자는 준비기간이 긴 데다 또 투자자본을 회수하려면 꽤 오랜 시간이 걸릴지도 모른다. 그리고 물품할인을 해주면 고객이 자신이 지불한 복수의 제품단위(product units)의 정가가 비싸다고 여기는 결과를 낳을 수 있다. 예를 들어 "바지 2벌을 18만 원에 사시고, 3벌을 가져가세요." 하면 18만 원이라는 가격이 각인된다. 즉, 이것이 가격지각(price perception)을 결정한다. 만일 회사가 값을 3만 원 올려 2벌에 21만 원을 붙인다면, 바지 1벌 값을 6만 원에서 7만 원으로 올렸을 경우보다 판매가 더 크게 줄어들 수 있다. 또한 바지 3벌을 사는 소비자들의 수효도 줄어들 수 있다. 그래서 경영자는 가격인상의 효과와 판매량감소 효과를 잘 저울질해야 한다.

간추림

인플레이션과 고객가치의 관계에 관한 한, 우리는 다음의 사항들이 핵심이라고 생각한다.

고객이 느끼는 값어치야말로 지불용의가격과 가격결정력을 결정하는 동인(動因)이다.

가격인상에 대한 저항을 누그러뜨리기 위해 기업이 고객가치를 높이는 것은 기본적으로 의미 있는 일이다. 특히 인플레이션 상황에서 살아남으려면 "고객가치 증대를 충분히 빨리 달성하느냐, 어떻게 달성하느냐"가 관건이다.

고객가치를 높이는 데 있어서 혁신은 그 어느 것보다도 훨씬 더 중요한 도구이다. 하지만 그 결과는 좀 실망스럽다. 한 컨설팅 회사의 조사결과에 따르면, 응답한 경영자들 중 족히 70%가 "지불용의가격의 상승에 대해 그들이 거는 기대를 혁신이 충족시키지 못한다."고 답변했다고 한다. 디지털 혁신의 경우는 이러한 실패비율이 더 높은 경향이 있다.

중요한 것은 소비자들이 "어떻게 느끼는가, 어떻게 지각하는가(perceive)"다. 따라서 효과적인 고객가치의 커뮤니케이션은 또 하나의 중요한 출발점이다. 고객의 평가 체계에 영향을 주는 것도 이런 커뮤니케이션 활동에 속한다.

추가적인 서비스와 보장 확대도 지불용의가격에 긍정적인 영향을 미치며, 따라서 값을 올릴 수 있는 범위를 더 넓혀준다.

이 모든 조치들은 실천에 옮기고 효과를 내는 데 시간이 걸리며 또 추가적인 비용을 발생시킨다. 따라서 경영자는 인플레이션 조건 아래서 실제로 어떤 조치가 적합한가를 아주 꼼꼼히 검토해야 한다. 우리는 경영자들께 모든 의사결정에 신중을 기하기를 권장한다.

수요의 위기가 왔을 때는 적합했던 여러 도구 가운데 인플레이션 시기에는 맞지 않는 것들이 있다. 현재의 인플레이션은 원가위기이자 가격위기이기 때문이다. 예를 들어 너그러운 자금융통, 넉넉한 지급 기한, 물물교환, 물품할인, 그리고 큰 자본투자를 요하는 활동 등이 바로 그런 (인플레이션 시기에) 적합하지 않은 도구들이다.

⑦

모두 어려워도 누군가는 승리한다

5장에서 최저가격을 논의할 때, 우리는 경쟁사 가격과 (자사의 가격조치에 대한) 경쟁사들의 반응을 고려하지 않았다. 암묵적으로 경쟁사가 자사와 똑같이 행동한다고 가정했던 것이다. 마치 자사가 독점 기업인 것처럼 말이다. 이런 경우에는 이른바 챔벌린 해법(Chamberlin solution)이 나온다. 챔벌린 해법은 모든 경쟁사들의 합동이익(joint profit)을 극대화하지만, 그 가격이 반드시 각 경쟁사의 최적가격은 아니다.[1]

〈그림 5-1〉에서 명확히 알 수 있듯이, 경쟁사들의 행동은 물론 인플레이션 시기에도 중요한 구실을 한다. 그런 의미에서 인플레이션 시대에 특히 주의를 기울여야 하는 경쟁의 몇몇 주요 측면을 부각시키고자 한다. 하지만 상호의존의 복잡성과 게임이론의 개념들을 포괄적으로 다루지는 않을 것이다.

경쟁가격의 영향을 가장 현실적으로 보여주는 것은, 이른바 구텐베르크 가격반응함수(Gutenberg price response function)다. 〈그림 7-1〉은 이 함수를 보여준다. 시작점에서는 우리 제품과 경쟁제품의 값이 같다. 그러면 우리 제품의 값이 변하면 어떤 일이 일어나는가?

가격변화가 두 꺾인 부분(가격문턱, price threshold) 사이에 있으면, 판매는 비교적 약하게 반응한다. 즉, 이 영역 안에서는 가격탄력성의

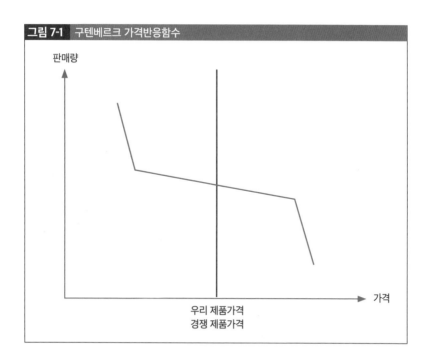

그림 7-1 구텐베르크 가격반응함수

판매량

우리 제품가격
경쟁 제품가격

가격

절댓값이 낮다. 그래서 이 구간을 흔히 '독점영역'이라고 부른다.

그러나 가격변화가 이 문턱을 넘으면, 판매량이 훨씬 더 세게 반응한다. 따라서 두 가격문턱 바깥의 두 가지(branch)가 있는 영역에서는 가격탄력성의 절댓값이 한결 더 높다. 그러나 물론 현실에서는 가격문턱과 가지의 경계가 〈그림 7-1〉에 있는 것처럼 뚜렷하지 않고, 오히려 문턱에서 가지로 영역이 슬그머니 바뀐다고 보아야 할 것이다.

어느 기업이 시장에서 구텐베르크 가격반응함수에 직면해 있다고 하자. 그러면 이 회사가 독점영역 안에서, 즉 가격문턱의 오른쪽 끄트머리까지 값을 올려도 판매가 그다지 많이 줄지 않는다. 그래서 가격인상의 긍정적인 이익효과는 아마도 판매감소에서 오는 부정적인 이익효과를 능가할 것이다. 따라서 구텐베르크 함수가 현실을 잘 반영하는 시장에서는 흔히 최적가격이 가격반응함수가 오른쪽으로 꺾이는 지점, 즉 가격문턱의 상한가다.

그러나 기업으로서는 이 상한가에 대해 믿을 만한 근거를 갖고 그것을 정확히 아는 것이 꽤 중요하다. 그 값이 현재 가격보다 얼마나 더 높은 수준인가? 5%, 10%, 아니면 20%? 그 대답이 무엇이냐에 따라, 그리고 그것을 제대로 아느냐 모르느냐에 따라 큰 차이가 생길 수 있다. 왜냐하면 가격문턱을 넘어서는 순간 판매와 이익이 순식간에 추락할 수 있기 때문이다.

단계적 가격인상

3장에서 우리는 기업이 값을 드물게 많이 올리기보다는 자주 조금씩 올리는 것을 권장한 바 있다. 그 까닭은 타이밍의 중요성 때문이었다. 즉, 회사가 원가상승의 물결에 쓸려 내려가고 또 필요한 가격조정을 한꺼번에 할 수 없는 사태와 마주치는 일이 없도록 하기 위해 그렇게 권한 것이었다.

구텐베르크 함수는 단계적 가격인상을 해야 하는 또 하나의 근거를 제공해준다. 우선 기업이 분기마다 값을 3%씩 올리고 가격탄력성은 -1.33이라고 가정하자. 바꿔 말하면, 이 회사가 값을 올릴 때마다 판매량이 4%씩 내려간다. 그런데 만일 회사가 값을 1년에 1번 12% 올리고, 반면에 가격탄력성이 -2라고 치면 연간 판매량은 24% 줄어든다.

이러한 상황은 그 구조로 보아 구텐베르크 함수로 표현할 수 있는 시장에서 흔히 발생할 것이다. 이런 경우에는 당연히 분기마다 값을 올리는 편이 더 유리하다. 그러면 연간 판매량이 16% 줄어든다. 반면에 4번에 걸쳐 (값을) 조금씩 올린 것만큼을 한꺼번에 크게 올리면 판매량이 무려 24%나 감소하므로 판매손실이 50%나 더 크다.

경쟁사의 반응을 예측할 수 있는가?

우리 회사가 값을 올리고 이어서 경쟁사도 따라오면, 구텐베르크 함수는 오른쪽으로 이동한다. 그러면 우리 회사는 또다시 독점영역에 있게 되므로 우리가 값을 올려도 판매는 타격을 (상대적으로) 덜 받는다. 따라서 가격조정에 관한 한 운신의 폭이 한결 더 넓어진다. 그러므로 회사가 스스로 가격조치를 취하기 전에 경쟁사의 반응을 미리, 바르게 헤아리는 것이 중요하다.

그러면 인플레이션은 경쟁사들의 반응에 어떤 영향을 미치는가? 그것은 무엇보다도 인플레이션으로 말미암은 원가상승의 타격이 그들에게 얼마나 큰가에 달려 있다. 대부분의 경우 모든 공급 회사들이 대체로 비슷한 정도의 타격을 받을 것이다. 그래서 우리 회사가 값을 올리면, 모든 경쟁사들이 따라올 확률이, 즉 같은 방향으로 움직일 확률이 높다. 만일 독점영역에서의 가격탄력성이 무척 낮으면, 이런 상황에서는 원가상승분을 그 비율 그대로 고객들에게 전가하는 것이 가장 알맞을 수도 있다. 이런 경우는 모든 경쟁사들이 원가에 똑같은 비율로 마진을 붙여 값을 정하는(원가 가산 가격책정) 상황과 거의 비슷하다.

그러나 원가상승의 정도가 경쟁사마다 다르다면, 그들이 같은 방향으로 움직일 확률이 낮아진다. 원가상승의 정도가 회사마다 다른 것은, 입지조건이 더 좋아서 그럴 수도 있고 또는 환율의 변화가 그 원인일 수도 있다. 게다가 재력이 막강한 경쟁사는 다른 회사들이 값을 올리는 상황을 이용해 자사의 시장점유율을 끌어올리려고 할 수도 있다. 예를 들어, 2022년 5월 독일 최대의 슈퍼마켓 기업 에데카(Edeka)는 대대적으로 가격인하 광고를 한 바 있다. 소비자들이 물가에 더욱더 신경을 쓰는 시기에 기업이 그런 광고를 하면 그 효과가 적지 않을 것이다. 또 해외의 타이어 시장에서도 비슷한 사례가 있었다. 따라서 경쟁이 아주 치열한 시장에서는 인플레이션 시기에도 기업이 값을 올릴 때는 신중을 기하는 것이 좋다. 경쟁사가 심술궂게 방해할 가능성을 완전히 배제할 수 없기 때문이다.

시장선도 기업이 가격선도 기업

인플레이션이 오면 이른바 '가격선도(price leadership)'의 중요성이 커진다. 가격선도란 경쟁사들이 가격선도 기업을 따르는 것이다. 예를 들어, 원가가 크게 오르는 단계가 오자 유럽의 세계적인 할인점 체인 알디(Aldi)와 관련하여 이런 기사가 나왔다.

"인플레이션은 구입가의 상승이라는 형태로 여러 다른 제품군에도 영향을 미치고 있다. 알디는 전통적으로 독일 소매업계에서 가격을 선도해왔기 때문에 이것은 중요한 소식이다."[2]

또 다른 곳에서는 이런 기사도 나왔다.

"800가지의 가격추종 품목을 갖고 있는 레베(REWE)는 가격 면에서 언제나 알디를 따른다. 이 800가지 품목은 (각 제품군에서) 가장 싼 진입가격(entry price)을 갖고 있는데, 이 회사는 이것들을 매일 알디 가격에 맞춘다."[3]

이 두 기사에 따르면 알디는 가격선도 기업이고 레베는 가격추종 기업(price follower)이다. 프로젝트 경험을 통해 우리는 독일의 다른 식품소매 회사들도 가격을 알디에 맞추고 있음을 알게 되었다. 예를 들어, 어떤 회사는 회전율이 높은 600개 품목을 알디의 가격에 맞추고 있었다.

그러면 어떤 회사가 가격선도 기업의 책임을 떠맡아야 하는가? 시장선도 기업(market leader)이 그 구실을 하는 것은 지극히 당연하다. 그래서 미국의 자동차 시장에서는 수십 년 동안 제너럴 모터스(General Motors)가 가격선도 기업이었고 포드와 크라이슬러가 그 뒤를 따랐다.

출입문 자동개폐 시스템 분야의 세계 시장선도 기업 아싸 아블로이(Assa Abloy)의 최고경영자 요한 몰린(Johan Molin)은 이렇게 말한다.

"우리는 단연 시장선도 기업이고, 시장선도 기업의 구실은 가격이 올라가도록 돕는 것입니다."[4]

또 타이어 시장의 선도 기업인 미쉐린(Michelin)의 최고경영자 플로랑 메네고(Florent Menegaux)는 이런 말을 했다고 한다.

"우리가 값을 올릴 때마다 경쟁사들은 모든 세분시장에서 따라왔습니다."[5]

가격선도는 처벌을 받을 수 있는 담합행위와는 거리가 멀고, 대체로 과점시장에서는 의미 있는 전략이다. 특히 기업들이 자주 값을 조정해야 하는 인플레이션 시기에는 더욱더 그렇다.

'신호 보내기'는 불확실성을 줄인다

가격인상은 언제나 위험을 수반하기 마련이다. 우리가 값을 올리면, 경쟁사들이 따라올까 아니면 이때다 싶어 우리를 제치고 시장점유율을 늘리기 위해 (값을) 그대로 놔둘까? 그렇다면 혹시 가격전쟁이 터지지 않을까? 이렇게 경쟁사들이 어떻게 반응할지는 매우 불확실하다. 물론 이런 불확실성이 가격이 안정된 때보다는 인플레이션 시기에 조금 덜하기는 하다. 그럼에도 불구하고 우리가 단행했던 가격인상을 경쟁사가 따라오지 않아 취소해야 하면, 우리 회사의 이미지가 타격을 받을 수 있다. 또 우리의 가격인상에 대해 고객들이 지나치다고 느끼고, 그래서 그들이 발길을 돌려도 회사 이미지가 떨어진다.

이러한 불확실성을 줄이는 한 방법이 바로 '신호 보내기(signaling)'다. 이것은 기업이 값을 바꾸기 전에 그 의향을 일찌감치 여러 방법으로 알리는 것이다. 그런 다음 기업은 시장에 귀를 기울이고, 경쟁사들 또는 고객들이 반응을 보이고 그들 나름의 신호를 우리 쪽에 보내는가 알아본다. 이런 과정에서 물론 허풍도 있을 수 있다. 하지만 경쟁사 역시 실천에 옮기지도 않을 일을 발표할 것인가는 숙고해보아야 한다. 신호를 보내는 모든 경쟁사에게는 자사의 신뢰성이 위험에 처할 가능성이 도사리고 있다. 신호 보내기는 기본적으로 법률에 저촉되지 않으며, 따라서 지나치게 하지만 않으면 크게 문제 되지 않는다. 두말할 것도 없이 신호 보내기가 다음과 같은 합의 또는 계약의 성격을 띠면 안 된다.

"경쟁사 '가'가 값을 올리면, 우리도 따라간다."

상대방의 의도를 정확히 파악하기 위해 기업은 경쟁사가 보내는 신호의 특성을 다음과 같은 평가기준에 따라 면밀히 검토해야 한다.

- 심각성 : 이것은 경쟁사가 발표하거나 실행에 옮긴 가격변경이 우리 회사의 이익이나 시장점유율에 얼마나 영향을 미칠까에 관해 반응하는 회사의 평가를 가리킨다.
- 공격성 : 상대방이 얼마나 가격을 내리는가, 즉 경쟁사의 위협이 얼마나 공격적인가를 나타낸다.

- 명확성 : 달리 해석할 수 있는 여지가 적은 신호는 명확하다고 얘기한다. 명확한 신호는 직접적인 반응을 불러일으킨다. 반면 명확하지 않은 신호는 다양한 해석의 가능성을 허용하기 마련이다.
- 일관성 : 이것은 한 기업이 여러 다른 시장 또는 세분시장에 내보내는 신호가 서로 얼마나 일관성이 있는가를 가리킨다.
- 구속력 : 이것은 회사가 시장에 보내는 신호가 얼마나 돌이킬 수 없는가를 가리킨다.
- 신뢰성 : 경쟁사의 신호를 분석할 때 결정적인 것은, 그 회사와 그 신호가 얼마나 믿을 만한가다.

기업은 또 신호 보내기를 통해 보복조치를 미리 알릴 수 있다. 예를 들어, 경쟁사가 값을 내리는 것을 막으려고 할 때는 이런 조치가 효과를 발휘할 수 있다. 우리나라 현대자동차의 임탁욱 부사장은 일본 회사들에게 할인율을 올리지 말라고 경고한 바 있다. 만일 그들이 그런 조치를 하면 현대차는 더 매력적인 할인율로 대항할 것이라고 그는 공언했다.[6]

현대차가 어떻게 반응할지에 대해 이보다 더 명확한 입장표명은 있을 수 없었다. 어쨌든 일본 자동차 회사들은 자신들이 할인율을 올리면 현대가 어떻게 나올지를 확실히 알게 되었다.

신호 보내기는 또 다가올 가격인상에 대비하여 고객들에게 미리 마음의 준비를 시키는 데도 쓸모가 있다.[7] 회사가 왜 값을 올릴 수밖에 없는가 하는 내용을 고객들에게 사전에 설득력 있게 전달하면, 가격 협상을 할 때의 그들의 저항을 누그러뜨릴 수 있다. 그뿐 아니라 이러한 사전 배려는 고객들이 갑작스레 통보받을 때 느끼는 불쾌한 감정을 줄여주는 효과도 있다.

신호 보내기는 인플레이션 시기에 더 중요해진다. 따라서 사람들이 인플레이션이 올 것이라고 예상하고, 또 그것이 몇 년간 지속될 것이라는 생각이 시중에 퍼지면 퍼질수록, 기업들의 신호 보내기 활동은 더 활발해질 것이다. 실제로 자동차와 관련된 어느 업계에서는 이미 그런 현상이 일어나고 있다. 이 업계의 상위 5대 회사들은 아직 가격이 안정된 단계였던 2020년 초부터 2021년 3월까지 회사당 매분기 평균 3건의 가격신호를 내보냈다. 2021년 봄 인플레이션이 예상되기 시작하자, 이 신호 보내기 횟수는 회사당 매분기 3건에서 16건으로 늘었다.[8] 가격신호가 급격히 늘어난 이 특이한 사실은 다음의 현상과도 상통한다.

2021년 3분기 동안 산업계 전체에서 '가격결정력'이 언급된 것은, 전년도 같은 분기에 비해 무려 78%나 증가했다고 한다.[9] 이러한 급증은 아마 '단축된 시간 선호' 현상과 관계있을 것이다. 인플레이션 시기에는 가격변경이 빨리 이루어져야 한다. 그래서 기업들은 더 짧은 간격으로 신호를 내보낸다. 당사자들이 신호들을 몇 달에 걸쳐 서로 주고받는 방식은 시간압력이 심한 인플레이션 시기에는 적합하지 않다.

간추림

이 장의 핵심내용을 간추리면 아래와 같다.

경쟁사의 가격과 행동양식은 인플레이션 시기에도 우리 회사의 가격관리에 큰 영향을 미친다. 물론 값이 안정된 때와 견주어보면 그 영향의 성격은 다르다.

경쟁가격의 영향은 두 번 꺾이는 구텐베르크의 가격반응함수가 현실에 가깝게 함수로 표현해준다. 이 함수에는 독점영역이 있으며, 그 안에서는 기업이 값을 올려도 판매가 그다지 줄지 않는다. 그러나 이 영역을 벗어나면, 즉 가격문턱을 넘으면 판매가 급감하고 아마 이익도 크게 줄 것이다.

경쟁사가 값을 올리면 구텐베르크 함수가 오른쪽으로 옮겨가며, 이와 함께 가격문턱도 오른쪽으로 이동한다. 구텐베르크 함수가 적용되는 시장에서는 인플레이션 시기에 기업이 값을 한 번에 크게 올리는 것보다는 조금씩 여러 번 올리는 편이 더 낫다.

과점시장에서 그리고 인플레이션 조건 아래서는 가격선도가 이성적인 행동이다.

기업은 기본적으로 인플레이션을 맞아 값을 올리기 전에 신호를 내보낼 수 있다. 그러나 시간압력이 더 크므로 기업은 그에 맞춰 신호보내기의 빈도, 간격을 조절해야 한다.

가격결정력의 강화

경쟁시장에서의 가격책정과 관련하여 '가격결정력' 개념은 특히 주목받아야 한다. 가격결정력, 즉 프라이싱 파워란 한 기업이 이익목표를 달성하게 해주는 가격을 실제로 시장에서 관철할 수 있는 능력을 말한다. 가격결정력은 고객, 경쟁사와의 관계 속에서 형성된다. 고객이 어느 회사 또는 어느 상표에 강한 애정을 가지면, 이 회사는 가격결정력이 있다.

경쟁의 관점에서 보면, 가격결정력은 수평적 차원(경쟁사들 사이의 경쟁)과 수직적 차원(가치사슬을 따라서 벌어지는 경쟁)이 있다. 경쟁사들이 우리 고객들을 자신들에게 끌어오는 데 어려움을 겪으면, 우리 회사는 가격결정력이 있다. 또 협력사들에 대해서도 가격결정력이 있을 수 있다. 이것을 우리는 구매력(buying power, buying clout)이라고 부른다.

지몬-쿠허가 여러 해에 걸쳐 실시한 설문조사의 분석결과를 살펴보면, 불과 1/3의 기업만이 "자사가 가격결정력을 갖고 있다."고 믿는다. 가격결정력 개념에 대한 관심은 최근에 부쩍 늘었는데, 그 직접적인 계기는 세계적인 투자가 워런 버핏의 다음 발언 때문이었다.

"한 회사를 평가할 때 가장 중요한 기준은 가격결정력이다."[1]

또 세계 최고의 경제신문 〈월스트리트 저널〉은 "가격결정력의 추구는 주가 상승을 부추긴다."라고 쓰기도 했다.[2] 실리콘밸리의 성공한 투자가 피터 틸도 "가격결정력으로 강한 시장포지션을 일구어야 한다."며[3] 가격이 주주가치에 주는 영향이 크다고 강력하게 말했다.

피터 틸의 말에 세계 최대의 양조 회사 인베브(AB InBev)의 마케팅부문 우두머리였던 크리스 부르그레베(Chris Burggraeve) 역시 적극 동의하며 이렇게 말했다. "마케팅이란 결국 지속가능한 가격결정력을 키우는 것이다."[4] 그는 한 상표의 값어치는 궁극적으로 그것의 가격결정력 보유 여부에 의해 결정되며, 가격결정력이 있어야만 경쟁제품과 대비되는 가격 프리미엄을 붙일 수 있다고 말했다. 또 에스티로더(Estée Lauder)의 최고경영자 트레이시 트래비스(Tracey Travis)는 "우리는 명품 회사입니다. 그래서 우리는 가격결정력이 있습니다."[5]라고 말한 바 있다.

미국 케임브리지에 있는 마케팅과학연구소(Marketing Science Institute)에서 나온 한 논문에는 이런 구절이 있다. "가격결정력은 투자자들이 아주 중시하고, 경영자들이 (그것을) 추구하며, 마케팅 학자들은 거의 완전히 무시하다시피 한다."[6]

인플레이션이 시작되면서 이제 이 가격결정력 개념은 한층 더 투자자들의 핵심 관심사가 되고 있다. 2022년 4월 17일 자 〈월스트리트 저널〉에 실린 한 기사에는 이런 구절이 있다. "투자자들은 인플레이션이 계속되는 내내 가격결정력을 가진 회사들을 찾아 헤매고 있다."[7] 스위스의 세계적인 금융 회사 UBS의 어느 투자분석 보고서에도 이렇게 쓰여 있다. "우리는 가격결정력이 있는 회사들은 미국 주식시장 평균을 웃도는 실적을 낼 수 있다고 계속 믿고 있다."[8]

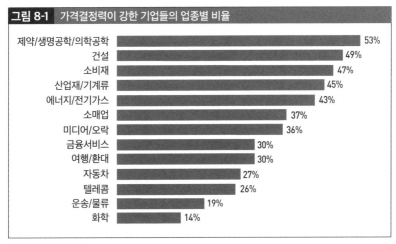

그림 8-1 가격결정력이 강한 기업들의 업종별 비율

업종	비율
제약/생명공학/의학공학	53%
건설	49%
소비재	47%
산업재/기계류	45%
에너지/전기가스	43%
소매업	37%
미디어/오락	36%
금융서비스	30%
여행/환대	30%
자동차	27%
텔레콤	26%
운송/물류	19%
화학	14%

출처 : 지몬-쿠허, 2022년

업종별 가격결정력

〈그림 8-1〉에서 보다시피 가격결정력은 산업에 따라 매우 고르지 않게 분포되어 있다. 이 그림은 지몬-쿠허의 분석결과에 바탕을 두고 있다.[9] 이 결과에 따르면 한 회사가 인플레이션을 얼마나 잘 넘길 수 있느냐는 상당 부분 그 회사가 어느 산업에 속하느냐에 달려 있다. 이 점에서 제약 회사들은 차별화되지 않은 이른바 일반상품 (commodities)을 파는 화학 회사들보다는 훨씬 수월하게 가격결정력을 활용하여 인플레이션에 대처할 수 있다.

'가격결정력'이란 구체적으로 무엇인가?

그러면 도대체 가격결정력이란 구체적으로 무엇인가? 그리고 인플레이션 시대에 이 개념에는 어떤 임무가 주어지는가? 모든 사람이 수긍할 정도로 설득력 있고 포괄적인 가격결정력의 정의는 아직 없다. 현재는 '독점률(monopoly ratio)'이라고도 불리는 이른바 '레르너 지수(Lerner index)'가 가격결정력의 척도로 주로 쓰이고 있다.[10]

이것의 정의는 '개당 공헌마진(unit contribution margin) ÷ 가격'이다. 개당 공헌마진은 가격에서 한계비용을 뺀 수치다. 완전경쟁 아래서는 가격과 한계비용이 같으므로 레르너 지수는 0이다. 반대로 한계비용이 제로이면 개당 공헌마진이 가격이고, 따라서 레르너 지수는 1이다.

레르너 지수는 또 가격탄력성의 형태로도 표현할 수 있다. 가격탄력성의 절댓값이 높을수록 레르너 지수는 더 낮다. 따라서 가격결정력을 가격탄력성으로 정의하는 경우에는 이것이 가격탄력성의 낮은 절댓값과 같다. 우리는 이 정의가 너무 단순하다고 생각한다. 그뿐 아니라 가격탄력성은 대체로 상수(常數)가 아니다. 게다가 가격결정력은 기업이 값을 내릴 때도 의미 있는 개념인가를 우리는 물어야 한다.

스위스 금융 회사 UBS의 모델은 가격결정력을 구체화하려고 시도한 아주 드문 보기다. 이 회사는 마크업(mark-up, 가격÷원가), 시장점유율, 변동성, 그리고 마진의 분포(distribution)라는 4가지 기준을 써서 가격결정력을 구체화한다.[11] 그러나 이것들이 정확히 어떻게 가격결정력을 결정하는지는 불분명하다. 결국 "성공한 기업은 가격결

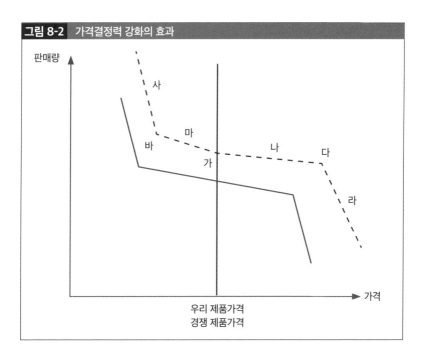

그림 8-2 가격결정력 강화의 효과

판매량

사
마
바
가
나
다
라

우리 제품가격
경쟁 제품가격

가격

정력이 크다."라는 식으로 같은 뜻의 말을 다른 표현으로 반복하며
(tautology) 이 개념을 설명한다는 인상을 우리는 지울 수가 없다.

가격결정력이라는 개념을 조금 더 탄탄히 이해하기 위해 다시 구텐
베르크 함수로 돌아가보자. 출발시점의 상황은 〈그림 8-2〉에서 실선
으로 표시되어 있으며, 우리는 이때의 가격결정력은 비교적 약하다고
가정한다. 반면에 그림에서 파선으로 표시된 곡선은 가격결정력의 강
화가 어떤 효과를 낳는지 보여준다.

가격결정력의 강화가 일으킬 수 있는 가능한 변화는 매우 다양할 수

있다. 우리는 이렇게 여러 가지 형태를 띨 수 있는 (가격결정력 강화의) 갖가지 효과를 7가지 경우로('가'부터 '사'까지) 나누어서 보여주고자 한다.

- 가 : 값은 변하지 않는데 가격결정력이 더 커지면서 판매가 늘어난다.
- 나 : 오른쪽 가격문턱까지의 가격반응함수의 기울기가 더 낮아진다. 즉, 가격탄력성의 절대치가 줄어든다. 그러면 값을 올려도 가격결정력이 약할 때에 비해 판매량이 덜 감소한다.
- 다 : 오른쪽 가격문턱이 더 오른쪽으로 이동한다. 따라서 독점영역이 더 커지며, 이와 함께 가격인상의 여지도 더 커진다.
- 라 : 가격문턱 바깥의 가격탄력성이 줄고, 따라서 판매량도 덜 감소한다. 그러나 실제로 이렇게 될 것인가는 '나'와 '다'의 경우에 비해 덜 확실하다.

인플레이션 시대의 가격관리에서는, 특히 '나'와 '다'의 경우가 의미 있고 매우 흥미롭다. 왜냐하면 이 두 경우에는 값을 올려도 판매가 덜 감소하므로 가격인상에 따르는 위험이 줄어들기 때문이다. 그뿐 아니라 그 결과 기업이 감수할 수 있는 가격인상과 판매감소의 여지도 더 넓어진다. 반면에 '라'의 경우는 현실적인 관련성이 덜하다. 왜냐하면 대체로 가격문턱을 넘어서는 가격인상은 바람직하지 않기 때문이다. 하지만 원가가 심하게 오르면 그런 조치가 필요할 수도 있다.

이제 가격결정력에 대한 고찰을 그림의 왼쪽으로도, 즉 가격인하의 영향에 관해서도 확장해보자. 물론 물가급등의 시대에 '마', '바', '사'로 표시된 영향이 있는 영역은 그다지 중요하지 않다. 단 어느 회사의 원가가 경쟁사에 비해 현격히 낮아서, 이 회사가 경쟁사의 가격인상을 자신의 시장점유율을 늘리기 위한 기회로 보고 값을 내리는 경우는 예외다. 이런 상황에서는 강화된 가격결정력의 영향이 (기업이 값을 올릴 때와는 정반대로) 가격탄력성이 올라가는 형태로 나타나며, 즉 판매가 아주 크게 늘어난다. 또한 왼쪽의 가격문턱이 오른쪽으로 이동한다.

이러한 경우를 완전히 배제할 수 없는 까닭은 구텐베르크 함수에서는 이익을 극대화하는 가격이 2개 존재할 수 있기 때문이다. 하나는 오른쪽의 가격문턱이고, 또 하나는 왼쪽 가격문턱보다 더 낮은 가격이다. 이 두 번째 최적가격은 왼쪽의 가격문턱보다 가격이 더 낮아지면 판매가 급상승하는 경우에 존재한다. 이런 판매의 급증 외에 원가가 아주 낮아야 한다는 조건도 충족되어야 한다. 그래야만 값이 싸도 개당 공헌마진이 충분히 확보되기 때문이다. 인플레이션 시기에 이런 일이 일어날 확률은 결코 높지 않지만, 그 가능성을 완전히 배제할 수는 없다.

구매력, 사는 쪽과 파는 쪽의 역학관계

앞서 언급했듯이, 사는 쪽이 파는 쪽에 대해 우세한 가격결정력을 행사할 수도 있다. 이런 경우에 수요자는 공급 회사에게 (자신이 원하는) 가격을 강요할 수 있다. 이러한 세력구도는, 예를 들면 자동차 산업이나 식품소매 업계에서 흔히 볼 수 있다. 큰 자동차 회사들은 각종 부품을 수백 수천 개의 중소규모 협력사들로부터 공급받는다. 그뿐 아니라 그들은 체계적으로 구매처 다변화(multiple sourcing) 등의 방법을 써서 큰 비용을 들이지 않고도 쉽게 거래처를 바꿀 수 있도록 대비해놓는다. 이러한 세력구도에서는 중소기업들이 원가상승분을 자동차 회사에 전가하기가 무척 어려울 수 있다.

그러나 이런 업계에서조차 중소 협력사들이 거대 자동차 그룹에 대해 큰 힘을 발휘하는 세력구도가 있다. 출입문 자동개폐 시스템 분야의 세계적 시장선도 기업 키커트(Kiekert)와 포드의 다툼은 한때 화제를 불러일으킨 바 있다. 포드는 키커트가 자동차 잠금장치(car locks)를 공급하지 않아 독일에서 며칠 동안 조업을 중지해야 했다.

다른 업종들에서도 비슷한 힘겨루기를 찾아볼 수 있다. 어느 신문 기사의 제목은 "불가항력으로 말미암은 가격상승"이었는데, 기사에 따르면 화학 회사들이 "어찌할 수 없는 사정 때문에" 공장문을 줄줄이 닫아야 했고 그 결과 값이 크게 올랐다고 한다.[12]

유통업계에서도 구매 회사들의 힘이 막강하다. 산업통상자원부 집계에 따르면, 2021년 우리나라 편의점 3사(GS25, CU, 세븐일레븐)의 매출이 전체 유통업계에서 차지하는 비율은 15.9%로 대형마트 3사(이마트, 롯데마트, 홈플러스)의 시장점유율 15.7%를 근소하게 앞질렀다고 한다. 또 급성장하고 있는 새벽배송 시장에서는 상위 3사인 마켓컬리와 쿠팡 그리고 SSG닷컴의 합동 시장점유율이 약 80%에 이른다. 독일

에서는 식품소매업 전체 매출액의 85%를 상위 4개 회사가 차지하고 있다고 한다.[13]

세계 최대의 식품 회사 네슬레(Nestlé)와 유럽 최대의 식품소매 회사 에데카가 가격인상을 둘러싸고 벌인 싸움은 관련 업계의 큰 관심을 끌었다. 연간 매출액이 자그마치 700억 유로가 넘는 두 거인이 맞붙었기 때문이다. 먼저 네슬레는 에데카의 가격요구를 들어주지 않았다. 그러자 에데카의 우두머리 마르쿠스 모자(Markus Mosa)는 네슬레 제품 일부를 매장에서 빼라고 지시한다. 실은 그는 시간이 지남에 따라 더 많은 네슬레 제품들을 빼려고 했다. 이런 조치는 소매 회사가 쓸 수 있는 최후의 수단, 말하자면 핵 공격에 가까운 비장의 무기다. 두 회사는 지루하고 힘든 협상을 거치고 나서야 합의에 이를 수 있었다.[14]

에데카는 또 음료 회사 엑케스(Eckes)와 비슷한 일로 다툰 적이 있는데, 이에 관해 어느 신문은 2022년 봄에 이렇게 보도한 바 있다. "가격을 둘러싼 갈등 때문에 2021년 중반 이후 에데카 매장의 진열대에서는 ○○ 같은 엑케스의 제품들을 찾을 수가 없다."[15]

네슬레 사례와의 차이점은 무엇보다 엑케스 전체 매출의 30%가 독일에서 일어나고 있고, 그 액수가 10억 유로를 밑돌기 때문에 역학관계가 전혀 다르다는 사실이다. 그러나 다음의 최근 사례에서 보다시피 중소기업 가운데서도 거대 유통 회사와 맞서서 이기는 회사들이 있다. 레베는 연간 매출액이 2,800억 원 정도인 한 회사에 통조림 10팔레트(pallets)를 주문했다. 그런데 레베가 이 회사의 가격요구를 받아들이지 않자, 이 공급자는 1팔레트만 보내버린다. 그러자 레베는 금방 가격을 양보했고 주문한 물량을 다 받았다. 비록 레베가 그 공급 회사가 요구한 가격을 다 받아들이지는 않았지만, 처음보다는 더 비싼 값을 치르고 나서야 원하는 물량을 확보할 수 있었던 것이다.

대기업들의 막강한 구매력은 세계 각국의 공정거래 당국이 비판의 눈초리로 바라보고 있다. 유럽 어느 나라의 공정거래 위원장은 이렇게 말했다고 한다. "우리는 유통 회사들의 구매력이 어떤 상태인지 그리고 구입가격과 구입조건이 어떻게 정해지는지 알고 싶습니다."[16]

원가정보 공개는 어디까지?

구매력이 센 고객들은 이른바 원가공개정책(Open Book Policy, OBP)을 내세우며 협력사에 원가를 밝히라고 자주 요구한다. 그러면 구매력이 큰 고객사의 경리 담당자는 협력사의 회계자료를 검토하고, 원가상승분과 일정한 비율관계에 있는 액수만큼만 가격인상을 받아들인다.

이것은 사실상 고객이 공급 회사의 이익마진을 통제하는 것이고, 이런 방식이 실은 공공부문에서 구매할 때도 널리 행해지고 있다. 공급 회사는 더 높은 값을 받기 위해 당연히 관계되는 제품에 될 수 있는 대로 높은 원가를 부과하려고 할 것이다. 이러한 상황에서는 속이는 것이 사업 활동의 일부가 된다.

많은 프로젝트 경험을 통해 우리는 공급 회사가 과거에 모든 원가 항목을 공개자료에 포함시키지는 않았음을 알게 되었다. 예를 들어,

어떤 서비스는 공급 회사가 고객들과 좋은 관계를 유지하기 위해 따로 청구하지 않고 그냥 제공했던 것이다. 원가자료 공개를 둘러싸고 공급 회사와 고객이 서로 속고 속이는 관계로 전락하면, 공급 회사가 이렇게 공짜 서비스를 계속 베풀지는 않을 것이 분명하다. 그러나 심지어 자동차 업계에서도 꽤 많은 중소규모의 공급 회사가 자동차 회사들에게 원가정보 제공을 거부했고, 그럼에도 별 탈이 없었음을 알게 되었다. 그들이 이런 멋진 가격결정력을 확보한 것은 고객이 그들을 다른 회사로 대체할 수 없기 때문이었다. 이런 실제 사례들을 통해 우리는 가격결정력이 회사 크기의 문제가 아니고 '상대적인 힘'의 문제임을 알 수 있다.

가격결정력은 세월의 응축물

기업이 성공적으로 값을 올리는 데 있어서 가격결정력이 그토록 중요한 전제조건이라면, 당장 2가지 질문이 떠오른다. 첫째, 가격결정력은 도대체 어디서 오는가? 둘째, 기업은 어떻게 그것을 갖출 수 있는가? 이 대답은 기업이 동원할 수 있는 모든 마케팅 도구를 포괄한다. 즉, 제품의 품질·혁신·디자인·서비스·고객과의 관계·커뮤니케이션·유통 등과 함께 당연히 상표도 포함된다. 앞서 6장에서 고객가치를 논의했는데, 고객가치를 높이는 작업과 대체로 비슷한 방향이다.

엄청난 가격결정력을 자랑하는 애플 같은 회사를 자세히 살펴보면,

애플이 이 모든 요소들을 여러 해에 걸쳐 최고로 전문적이면서도 효과적으로 관리해왔음을 알 수 있다. 애플은 또한 우리에게 중요한 통찰을 주고 있다. 그것은 바로 '시간의 구실'이다. 가격결정력은 오랜 시간에 걸쳐 만들어지며, 마치 흘러간 세월의 응축물 같다. 그렇다면 가격결정력은 기업이 인플레이션을 맞아 단시간 내에 또는 재빨리 후다닥 만들어낼 수 있는 성격의 것이 아니라는 말이 된다.

1장에서 '중앙은행에서 찍어낸 화폐'라는 뜻의 '피아트화'를 언급했다. 이런 의미의 피아트화에 바탕을 둔 '피아트 가격결정력'은 있을 수 없다. 또한 물가급등의 시기에는 기업이 가격결정력을 강화하기 위해 쓸 수 있는 재무자원이 없거나 부족하다. 가격결정력은 오로지 장기적으로만 쌓아올릴 수 있는 것이다. 이렇게 오랜 세월에 걸쳐 가격결정력을 구축한 회사가 인플레이션을 더 잘 넘길 것임은 두말할 나위도 없다.

현재 상황에서 무엇보다 중요한 것은 우리 회사의 가격결정력을 현실적으로 가늠하는 일이다. 만일 어떤 회사가 자신의 가격결정력을 과대평가하면, 이 회사는 지나친, 그리고 결국은 관철시킬 수 없는 가격을 요구할 것이다. 반대로 과소평가하면, 이익마진이 줄어든다. 우리는 여러 프로젝트 경험을 통해 특히 중소기업들이 자사의 가격결정력을 과소평가하는 경우를 많이 보았다. 그들의 약한 부분은 대체로 정보가 부족하다는 것과 영업사원들이 확신이 없다는 점이었다. 가격결정력에 관한 탄탄한 정보는 필수불가결이다.

가격결정력과 관련하여 회사의 재력은 잠재적으로 큰 힘이 될 수 있다. 재무자원이 풍족한 회사는 설사 고객 또는 협력 회사와의 갈등으로 사업활동이 지장을 받는다고 하더라도, 그들과의 힘 겨루기에서 더 오래 버틸 수 있다. 이것은 노동조합의 경우도 비슷한 듯하다. 노조의 투쟁력은 흔히 그들이 비축해 놓은 기금에 달려 있기 때문이다. 그러나 여기에도 방금 앞에서 논의한 '시간'이라는 요소가 또 등장한다. 왜냐하면 막강한 재력이란 회사가 좋은 시절에 꾸준히 쌓아올리는 것이지, 인플레이션 또는 기타 위기가 닥쳤을 때 갑자기 동원할 수 있는 것이 아니기 때문이다.

반드시 최고경영자가 직접 챙겨라

기업의 가격결정력을 논의하는 이번 장을 마무리하면서 우리는 '최고경영자의 관여'라는 특별한 사항을 강조하고 싶다. 수년 전 지몬-쿠허가 23개국 경영자들을 상대로 실시한 설문조사에서 응답자 중 82%는 최고경영진의 참여가 최근 몇 년 동안 늘었다고 답변했다.[17]

설문조사를 했던 당시에는 나라별 그리고 업종별 차이가 그리 크지 않았다. 그러나 결정적인 것은 '가격관리에 대해 최고경영자가 관여한다'고 대답한 기업들 중 35%가 "우리 회사는 가격결정력을 갖고 있다."고 보고했는데 반하여, 최고경영자가 관여하지 않는 기업은 그 비율이 26%에 지나지 않았다는 사실이다.

가격결정력이 구체적인 성과로 이어지고 있음을 〈그림 8-3〉이 보여준다. 그림에서 보듯이, 최고경영자가 관여할 경우 값을 올릴 때의

그림 8-3 최고경영자의 관여가 가격결정력에 미치는 영향, 가격인상의 성공 비율		
기준	최고경영자가 관여	최고경영자가 관여하지 않음
월등한 가격결정력	35%	26%
값을 올렸을 때의 성공 비율	60%	53%
EBITDA 마진	15%	11%

성공확률과 EBITDA 마진은 그렇지 않을 경우보다 더 높다. 따라서 인플레이션 시기에는 회사가 값을 올리려는 노력을 해야 하고, 그때 최고경영자가 더욱더 스스로 나서서 그 노력을 북돋워야 한다. 이런 상황에서 특히 중요한 것은 (최고경영자에 의한) 영업부서의 지원이다. 경우에 따라서는 최고경영자가 특별한 중요성이 있는 가격협상에 적극적으로 참여할 필요도 있다. 그리고 재무관리 분야에서도(예를 들어 투자자들을 위한 설명회 때) 최고경영자가 더 많이 등장하고 또 가격 관련 테마를 다룰 것을 우리는 권장한다.

간추림

가격결정력에 관해 우리가 이 장에서 논의한 내용의 핵심을 간추리면 다음과 같다.

가격결정력이란 한 기업이 적절한 이익을 달성하기 위해 필요한 더 높은 가격을 관철시킬 수 있는 능력이다. 인플레이션 조건 아래서는 기업의 지속적인 성공을 확보하기 위한 요건으로서의 가격결정력이 물가안정 시기에 비해 훨씬 더 중요하다. 워런 버핏이나 피터 틸 같은 세계적인 유명 투자가들의 발언은 대중에게 가격결정력에 대한 큰 관심을 불러일으켰다.

여러 설문조사 결과에 따르면 기업의 1/3만이 '자사가 월등한 가격결정력을 갖고 있다'고 생각한다.

가격결정력 개념은 두 군데서 꺾이는 구텐베르크 함수의 도움으로 더 정밀하게 표현될 수 있다.

인플레이션 시기에 필요한 가격인상에 관한 한, 가격결정력이 더 강하다고 함은 가격탄력성이 더 작고 책정할 수 있는 가격의 범위가 더 넓어짐을 뜻한다. 따라서 가격결정력이 더 강한 기업은 더 약한 기업보다 인플레이션을 훨씬 더 잘 견딜 수 있을 것이다.

사는 쪽의 가격결정력을 우리는 구매력이라고 부른다. 구매력은 자동차산업과 식품소매업 같은 업종에서 큰 구실을 하며, 그래서 공급회사들이 인플레이션과의 싸움에서 어려움을 겪는다.

가격결정력은 기업이 긴 세월에 걸쳐 지속적으로 뛰어난 성능을 제공한 결과의 응축물이며, 결코 짧은 기간 내에 만들어지지는 않는다. 따라서 현 상황에서 기업은 자사의 실제 가격결정력을 현실적으로 파악하는 것이 무엇보다 필요하다. 기업은 가격결정력의 강화를 위해 자사의 재력을 활용할 수 있다. 그리고 최고경영자가 가격책정 과정에 참여하는 것은 가격결정력 강화에 크게 이바지한다. 그래서 최고경영자가 관여하면, 기업이 값을 올릴 때의 성공확률이 더 높아진다.

⑨

디지털화의 기회를 활용하라

디지털화와 인터넷이 가져온 아주 중요한 변화는 투명성(transparency)의 급격한 상승이다. 예전에는 소비자들이 가격과 가치를 포괄적으로 비교하는 것이 번거롭고 시간과 비용이 많이 들었다. 혹은 아예 불가능한 경우도 있었다. 하지만 지금은 컴퓨터나 스마트폰을 손가락 끝으로 톡 치기만 하면 된다. 그래서 이제는 가격과 가치정보를 누구나, 언제 어디서나 얻을 수 있다.

특히 가격비교는 기업과 소비자에게 아마 가장 광범위하게 영향을 미치는 인터넷 혁신일 것이다. 그럼에도 불구하고 (고객들의) 가치비교가 순수 가격비교만큼 중요하지 않을까, 또는 그렇게 되지 않을까 하는 생각이 든다. 가격투명성과 가치투명성은 모두 인플레이션이 영향을 끼치는 데 중요한 구실을 한다.

한층 더 높아진 가격투명성

옛날에는 가격정보를 모으려면, 몇몇 업체에 전화를 걸고, 여러 가게에 들르고, 서로 다른 제품을 몇 개 입수하거나 인쇄된 시험결과 보고서를 구해서 읽어야 했다. 이런 노력을 들여야 했기 때문에 소비자들이 여러 업체의 가격들에 대해 가진 정보의 수준은 대체로 낮았다. 오늘날 가격비교 사이트는 그야말로 차고 넘친다. 구글 쇼핑·네이버 쇼핑·다나와·고고북·쇼핑하우·에누리닷컴·쿠차·행복쇼핑 등이 대표적인 보기들이다.

여러 산업을 아우르는 비교사이트들이 있는가 하면 특정 산업에만 집중하는 전문사이트들도 있다. 전문 비교사이트들은 가격과 제품에 관해 훨씬 더 자세한 정보를 제공해준다. 플라이트어웨어(flightaware.com)는 그 좋은 보기다. 이 사이트는 실시간으로 비행시간과 연발·연착 정보를 알려줄 뿐만 아니라, 승객이 고른 노선에 대해서 자세한 항공료 일람표를 보여준다. 이 일람표에는 등급별 최고가격·최저가격·평균가격과 좌석예약률·(항공사의) 매출액 등의 정보가 뜬다. 뱅크레이트(bankrate.com)는 은행이 제공하는 각종 금융서비스의 가격을 알려준다.

한국소비자연맹에 따르면, 한국소비자들의 70%는 물품구매 전에 가격비교사이트를 이용한다고 한다. 그들이 주로 이용하는 사이트는 네이버(44.6%), 오픈마켓(30.8%), 다나와(7.6%), 에누리닷컴(6.2%) 등이었다.[1] 독일의 경우에는 70%가 가격비교사이트를 이용하고, 20세에서 59세까지의 남성들이 가장 활발하게 온라인 가격비교사이트에 들어간다. 그들이 가장 자주 비교하는 제품은 휴가상품(48%), 전기·가스(47%), 전자·가전제품(45%), 보험(42%) 등이다.[2]

스마트폰과 기타 다른 모바일 기기 덕분에 이제 가격투명성은 구체적인 현장성을 갖게 되었다. 바르쿠(barcoo) 앱으로 소비자가 가게에서 어떤 제품의 바코드를 스캔하면, 앱은 같은 제품이 근처 가게에서 얼마에 팔리는지 바로 알려준다. 따라서 기업이 시간별·지역별 가격차별화 정책을 쓰기가 한층 더 어려워진다. 과거에는 이 시간과 공간이라는 차원이 가격차별화를 위해 고객들을 서로 떼어놓는 울타리(fence)로서 적합했지만 디지털 기술이 상황을 바꿔놓은 것이다. 한마디로 말해, 기업이 똑같은 제품이나 서비스에 대해 값을 더 높게 부르기가 더 힘들어진 것이다. 소비자들은 가격정보를 아주 쉽게 얻을 수 있고 미심쩍으면 주저하지 않고 더 싼 경쟁제품을 산다.

브라질에서는 프레미스(Premise)라는 스타트업이 인기를 끌고 있는데, 고객들은 이 회사가 제공하는 스마트폰 앱을 써서 식료품의 사진과 그것의 가격에 관한 정보를 다른 고객들과 공유할 수 있다. 이렇게해서 취합된 자료를 바탕으로 프레미스는 브라질 시장의 소비자 식품가격지수를 정부의 공식적인 지수보다 25일 먼저 발표할 수 있다.[3]

어느 연구결과에 따르면, 전 세계의 소비자들 가운데 40%가 가격비교를 위해 가게에서 모바일폰을 쓴다고 한다. 그중에서 한국(59%), 중국(54%), 튀르키예(53%)의 소비자들이 값을 비교하기 위해 스마트폰을 정기적으로 가장 많이 쓴다.[4] 뿐만 아니라 인터넷을 통한 사회적 네트워킹은 "적극적 가격투명성"을 만들어내고 있다. 예를 들어, 미국의 맥도날드가 치즈버거의 값을 39센트 올리려고 하자, 이 회사는 엄청난 소비자 저항에 부딪혔다. 48시간 이내에 8만 명의 페이스북

9. 디지털화의 기회를 활용하라

이용자들이 반대의견을 표명했고, 맥도날드는 할 수 없이 가격인상을 포기했다.[5]

그런데 어떤 사이트들은 고객이 사이트에 들어가야만 '수동적으로' 가격을 비교할 수 있게 해주는 것이 아니라, 미리 주어진 가격 조건이 충족되면 '능동적으로' 고객에게 그 사실을 알려준다. 예를 들어, 어떤 제품의 값이 기준으로 정한 액수보다 낮으면 사이트가 작동하는 것이다. 이데알로(idealo.com)나 가이츠크라겐(geizkragen.de) 이용자는 미리 정해놓은 제품의 값이 떨어지자마자 즉시 자신에게 알려주는 가격경보(price alarm)를 선택할 수 있다.

북(book.com) 또는 HRS(hrs.de) 같은 호텔 플랫폼은 이용자가 찾고 있는 현재 시점에서의 가장 유리한 가격을 알려주지만, 트립레벨(triprebel.com)은 이미 예약된 호텔방의 가격을 추적한다. 시간이 지나 값이 떨어지면, 원래의 예약은 취소되고 자동적으로 새 방이 이제 조금 더 싼 값으로 예약된다. 따라서 고객은 처음 예약한 이후의 어느 시점에서나 가장 싼 값에 예약해놓은 상태에 있게 되는 것이다.

이렇게 검색엔진과 프로그램이 더욱 정교하게 진화하면서 가격투명성 역시 한층 더 높아질 것이다. 따라서 소비자들이 보유하는 가격정보의 양은 더 풍부해지고 품질은 지속적으로 개선될 것이 틀림없다.

그러면 가격투명성이 높아지면 가격반응함수는 어떻게 달라질까? 〈그림 9-1〉은 그 변화를 보여주고 있다. 지나친 복잡성을 피하기 위해 우리는 또 함수가 선형이라고 가정한다. 싼 제품을 파는 회사는,

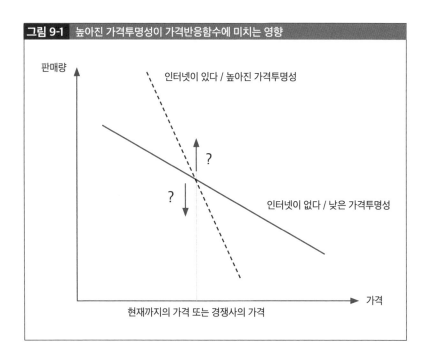

그림 9-1 높아진 가격투명성이 가격반응함수에 미치는 영향

판매량

인터넷이 있다 / 높아진 가격투명성

?

?

인터넷이 없다 / 낮은 가격투명성

가격

현재까지의 가격 또는 경쟁사의 가격

가격투명성이 높아지면 값을 내리지 않아도 판매가 늘어날 수 있다. 비싼 제품을 파는 회사는 그 정반대다. 그런 회사는 값을 올리지 않아도 판매가 줄어들 수 있다. 왜냐하면 가격정보를 더 많이 갖게 된 소비자들이 이 회사 제품이 상대적으로 더 비싸다고 느끼기 때문이다. 〈그림 9-1〉에는 물음표가 있고 수직 방향으로 표시된 두 화살표가 이런 현상을 나타내고 있다.

이러한 긍정적 또는 부정적 판매효과는 고객들이 인터넷을 통해 한 제품의 상대적인 가격의 이점 또는 불리한 점을 과거보다 더 잘 인식하게 되면 일어난다. 가격투명성이 높아지면, 값을 내릴 경우의 또는

9. 디지털화의 기회를 활용하라

경쟁제품보다 더 싸게 팔 경우의 가격반응함수는 더 가파르게 된다. 왜냐하면 더 많은 고객들이 가격이점을 인식하기 때문이다. 반대로 가격투명성이 높아졌는데 값을 올리면 또는 경쟁제품과의 가격차이가 더 커지면, 판매가 뚝 떨어진다.

인플레이션 상황에서는 〈그림 9-1〉에 있는 함수의 오른쪽 가지 부분이 주로 문제가 된다. 인터넷으로 말미암아 가격투명성이 더 높아지면 기업이 값을 올리기 어렵다. 경쟁사가 따라오지 않으면 더욱더 그렇다. 가격투명성이 더 높아진 상태에서는 늘어난 개당 공헌마진이 판매감소 효과를 상쇄할 정도로 충분하지 않을 수 있다. 이런 경우에는 이익이 감소한다.

그림에서 보다시피 가격투명성이 높아지면 왼쪽 가지도 더 가팔라진다. 이럴 경우, 원가가 더 낮은 경쟁사는 값을 올리지 않거나 오히려 내리는 편이 더 나을 수 있다. 그래서 가격투명성이 높아진 상황에서 기업이 값을 올릴 때는 경쟁자가 따라오는 것이 더욱 중요하다. 경쟁사가 그렇게 해주지 않으면, 가격인상이 정말로 아주 위험한 결과를 낳기 때문이다.

지금까지 분석한 내용을 〈그림 7-1〉의 구텐베르크 모델에 적용하면서 더 깊이 들어가 보자. 가격탄력성이 더 높아지면 구텐베르크 모델에서도 우리 제품가격(또는 경쟁 제품가격)의 좌우 양쪽 구간에서 모두 가격탄력성이 올라간다. 가격반응함수의 네 부분이 몽땅 더 가팔라진다. 그뿐 아니라 두 가격문턱(꺾인 부분)의 위치도 달라진다. 오른쪽 가격문턱은 최초의 우리 제품가격(또는 경쟁가격) 쪽으로 더 다가가므로, 값을 올릴 수 있는 여지는 더 작아진다.

이러한 변화는 2가지를 의미한다. 첫째, 인플레이션 시대에는 기업이 값을 올릴 수 있는 여지가 더 적다는 것, 둘째, 독점영역 바깥으로 나와 심각한 판매손실을 입지 않도록 조심해야 한다는 것이다. 구텐베르크 함수가 적용되는 시장에서 가격투명성이 높아지면, 값에 걸맞게 더 높은 고객가치를 제공하지 않으면서 시장가격보다 더 비싸게 제품을 파는 회사는 특히 이익수준을 유지하기가 힘들어진다. 이러한 통찰은 우리의 눈을 고객가치 쪽으로 향하게 한다. 가치 부문에서는 디지털화가 더 높아진 가격투명성의 영향을 약화시킬 수 있는 기회를 제공해준다.

뜨내기 장사꾼과 토박이 상인의 차이

지금까지는 가격관리에 관한 한, 더 높아진 가격투명성이 인터넷의 가장 큰 효과였다. 그러나 최근에는 가치투명성도 역시 높아졌고, 장기적으로는 이 현상이 높아진 가격투명성만큼 중요해질 수 있다. 2000년 출간 당시 혁명적인 선풍을 불러일으켰던 《클루트레인 선언(The Cluetrain Manifesto)》이란 책에 잘 서술되어 있듯이, 인터넷은 지금까지 알지 못했던 "수많은 고객들 사이의 대화"를 가능하게 해준다.[6]

한 회사 또는 한 제품에 대한 좋은 판단과 나쁜 판단은 투명해지고,

관심 있는 모든 이들이 그런 정보에 접근할 수 있다. 한스 도미츨라프 (Hans Domizlaff)는 "뜨내기 장사꾼"과 "토박이 상인"을 이렇게 구분한 다.[7] 뜨내기 장사꾼은 1년에 딱 1번 큰 장이 설 때만 나타나고 곧 사 라진다. 그는 손님들에게 형편없는 물건을 바가지 씌워서 팔아치운 다. 손님들이 얼마 안 있어 속았다는 것을 알아차리면, 그는 벌써 멀 리 달아난 지 오래다. 이듬해에 그는 또 나타나지만, 그를 기억하는 사람은 아무도 없고 그의 달콤한 말에 손님들은 또 속아 넘어간다. 반 면에 토박이 상인은 전혀 다르게 행동한다. 그는 천박하게 처신할 수 가 없다. 물건의 품질이 나쁘면 순식간에 그 소문이 마을 전체에 퍼 지고, 고객들은 그를 쳐다보지도 않을 것이다. 따라서 토박이 상인은 "고객들의 신뢰를 얻어" 그들을 단골로 만들어야 하며, 마을에서 오 랫동안 벌이가 되는 장사를 하려면 반드시 "품질에 책임을 져야" 하는 것이다.[8]

조금 단순화시켜 말하면, 장기적으로 볼 때 인터넷 시대에는 뜨내기 장사꾼 같은 유형의 회사는 사라질 것이고 오로지 토박이 상인들만 남 을 것이다. 이베이(eBay)와 연결된 영업사원·부킹닷컴(booking.com)과 협력관계에 있는 호텔 주인·우버의 연락을 받고 손님을 태워준 운전사 등이 나쁜 평가를 받으면, 이것은 낮은 가격으로 상쇄되지 않는다.

과거에는 품질·믿음성(trustworthiness)에 관한 정보가 주민들끼리 서 로 알고 소통할 수 있는 지방의 작은 공동체 수준에서만 유통되었다. 그러나 인터넷에서는 이런 정보를 누구나 접할 수 있다. 이런 상황에 서는 사기꾼들과 열악한 제품을 파는 회사들이 온라인으로 지속적인

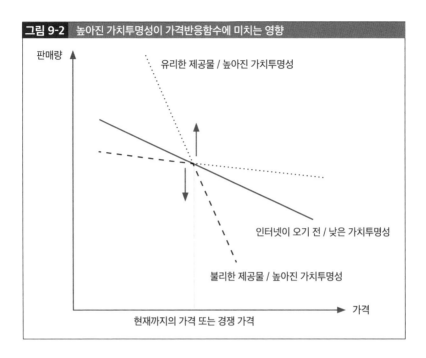

그림 9-2 높아진 가치투명성이 가격반응함수에 미치는 영향

판매량

유리한 제공물 / 높아진 가치투명성

인터넷이 오기 전 / 낮은 가치투명성

불리한 제공물 / 높아진 가치투명성

가격

현재까지의 가격 또는 경쟁 가격

성공을 거두는 것이, (아예 불가능하지는 않더라도) 무척 어려워진다.

거꾸로 값에 비해 훌륭한 품질의 제품 또는 서비스를 제공하는 상인은 인터넷 덕분에 좋은 평가를 받는다. 왜냐하면 그가 파는 제품, 서비스의 이점은 시간이나 장소와 관계없이 널리 알려지기 때문이다. 물론 인터넷에서도 대대적으로 피드백을 조작하는 등의 사례가 있기는 하다. 그러나 정보가 더 널리 유통되고 평가자들의 수가 더 늘어남에 따라 그런 조작은 더욱 힘들어진다. 덧붙여 알아야 할 것은, 사이트 운영자들이 적절한 통제 소프트웨어를 써서 그런 조작을 막으려고 노력하고 있다는 사실이다.

9. 디지털화의 기회를 활용하라

〈그림 9-2〉는 높아진 가치투명성의 효과를 보여주고 있다. 지나치게 복잡해지는 것을 피하기 위해 우리는 여기서도 함수가 선형이라고 가정한다. 그림에서 보다시피, 높아진 가치투명성이 가격반응함수에 또 그와 더불어 가격탄력성에 어떤 영향을 미치는가는, 제공물이 인터넷에서 어떤 평가를 (유리하게 또는 불리하게) 받느냐에 따라 근본적으로 달라진다. 가치투명성이 올라가면, 좋은 평판을 듣는 제공물에 다음과 같은 일이 일어난다(그림의 점선).

좋은 평판을 얻는 제품이나 서비스는 현재 주어진 가격에서 판매가 늘어난다. 그림에서는 위를 향하는 화살표가 이 현상을 나타낸다. 또 값을 내리거나 또는 (값이) 경쟁가격보다 더 낮아지면 판매가 급증한다. 반대로 값을 올리거나 값이 경쟁가격보다 더 비싸져도 판매가 조금밖에 줄지 않는다.

반면에 인터넷에서 평판이 나쁜 제품이나 서비스에게는 다음과 같이 정반대의 일이 일어난다. 값이 그대로인데도 판매가 떨어진다. 이런 변화는 그림에서 아래를 향하는 화살표로 표시되어 있다. 값을 내리거나 또는 (값이) 경쟁가격보다 더 낮아져도 판매가 조금밖에 늘지 않는다. 또 값을 올리거나 (값이) 경쟁가격보다 더 비싸지면 판매가 크게 떨어진다.

즉, 가치투명성의 효과는 고객들의 평가에 따라 지극히 비대칭적으로(asymmetrically) 나타난다. 평판이 나쁘면, 가격은 '경쟁의 무기'로서의 힘을 발휘하지 못한다. 고객들에게 낮은 평가를 받은 호텔은 설사 공격적으로 값을 내린다 해도 매력적으로 보이지 않는다.

이러한 분석을 구텐베르크 함수에 적용해볼 수 있다. 평판이 좋으면, 값을 올려도 괜찮은 이 함수의 독점영역이 더 커지고, 값을 내려도 괜찮은 독점영역은 더 작아진다. 즉, 값을 조금만 내려도 판매가 급증한다. 그리고 이것은 기업이 높은 가격결정력을 갖고 있을 때 일어나는 변화와 똑같다. 긍정적인 평가는 기업의 가격결정력을 강화시켜주고, 부정적인 평가는 그것을 약화시킨다. 우리는 또 이렇게 말할 수도 있을 것이다.

"기업이 제공하는 고객가치에 대한 평가는 높아진 가격투명성의 효과를 조절(modify)해준다. 즉, 평판에 따라 (높아진 가격투명성의) 효과를 증폭시키거나 약화시킨다."

이러한 분석으로부터 우리는 다음과 같은 결론을 끌어낼 수 있다. 자신이 제공하는 고객가치가 좋은 평가를 받는 기업은, 나쁜 평가를 받는 기업보다 더 쉽게 인플레이션 시기에 값을 올릴 수 있다.

또 평판이 좋으면 가격인상이 가능한 범위도 더 넓어진다. 그리고 평판이 나쁜 경쟁사가 우리 회사보다 값을 더 낮게 책정할 위험이 줄어든다. 왜냐하면 회사의 평판이 나쁘면 경쟁의 무기로서의 가격이 힘을 잃기 때문이다.

'고객가치평가'의 핵심을 보면, 우리는 이것을 가격결정력의 원동력으로 해석할 수 있다. 좋은 평가를 받는 기업은 가격결정력이 더 강하고, 따라서 인플레이션 시기에 더 유리하다. 하지만 믿을 만한 평가는 가격결정력과 비슷하게 일반적으로 짧은 시간 내에 획득할 수 없고, 오로지 제품과 서비스의 개선을 통해서만 (평가에) 영향을 미칠 수 있다. 그리고 제품과 서비스의 개선은 대체로 어렵고 시간이 많이 걸린다.

그래서 회사가 인플레이션이 오기 전에 이미 좋은 평판을 누리고 또 그것이 물가급등의 시기에도 계속 영향력을 잃지 않는 것이 중요하다. 이것 역시 고객가치 그리고 가격결정력과 비슷한 점이다. 고객가치와 가격결정력도 인플레이션이 오기 전에 이미 축적되어 있어야 하는 것이다.

'한계비용 제로'와 인플레이션

디지털화의 특성 중 하나는 추가적인 고객 1명 또는 서비스 1단위로 말미암은 한계비용이 제로에 다가간다는 것이다. 제러미 리프킨 (Jeremy Rifkin)은 이것을 혁명적인 현상으로 보고, 이것으로 인해 자본주의가 위축되거나 더 나아가서는 무너질 수도 있다고 주장했다.[9] 그의 저서 《한계비용 제로 사회》의 원제는 'The Zero Marginal Cost Society'다. 리프킨은 "가격은 궁극적으로 한계비용에 접근한다."는 명제로 자신의 주장을 뒷받침한다. 따라서 한계비용이 0에 다가간다면, 가격도 그렇게 될 것이라고 그는 말한다. 자본주의 사회의 어떤 기업인도 그런 가격에 상품이나 서비스를 생산하려고 하지 않을 것이다. 그러면 공기업이나 공익단체 같은 다른 조직이 생산자의 기능을 수행해야 할 것이다. 그리고 그것은 바로 자본주의의 종말일 것이다.

리프킨은 이 '한계비용 제로' 패러다임을 경제의 여러 분야로 확장시켰다. 그 가운데 하나가 이른바 온라인 공개수업(Massive Open Online Courses, MOOC)을 통한 교육이다. 다른 예는 공유경제(sharing economy)와 에너지 분야(풍력, 태양)다. 공유경제에서는 쓸 수 있는 주거공간이나 자동차를 비워두거나 세워두지 않고 이용자들끼리 서로 공유한다. 완전히 새롭지는 않지만 인터넷 덕분에 요원의 불길처럼 번진 이런 현상이 한계비용에 그리고 그에 따라 사업모델과 가격모델에 상당한 영향을 끼칠 것임은 의심의 여지가 없다. 이것은 인플레이션을 극복하는 데도 중요하다.

한계비용이 실제로 제로인 경우는 거의 없다. 리프킨 자신도 책에서는 책 제목과 달리 '0에 가까운 한계비용(near-zero marginal costs)'이란 표현을 쓰고 있다. 한계비용이 정말로 0이면, 이익을 가장 크게 하는 가격은 제로가 아니고 매출액을 극대화하는 가격과 같다. 매출액이 극대화될 때의 가격탄력성은 −1이다. 가격과 판매량은 같은 비율로 변화한다. 즉, 가격변화율과 판매량 변화율이 똑같다.

한계비용 제로의 중요한 시사점은 가격상승과 판매량 증가가 (다른 조건이 똑같다면) 이익에 똑같은 정도로 긍정적인 영향을 미친다는 사실이다. 왜냐하면 판매량이 늘어난다고 해서 원가도 올라가지는 않기 때문이다. 그런데 단기적 가격하한선인 한계비용이 0에 가까울 정도로 낮으면, 그로 말미암아 치열한 가격경쟁이 벌어질 수 있다. 디지

9. 디지털화의 기회를 활용하라

털 제품의 가격이 아주 싸거나 심지어는 공짜인 경우도 자주 볼 수 있는 까닭은 바로 그 때문이다. 한계비용이 거의 0이다시피 하면, 유동성이 절실히 필요한 상인은 0보다 조금만 높은 가격에 물건을 내다 팔아도 마진을 건지고 현금흐름을 원활히 할 수 있다.

극도로 낮은 한계비용과 공유경제는 사업모델, 가격수준, 그리고 경쟁에 심각한 영향을 미친다. 음악산업은 이것을 여러 해에 걸쳐 뼈저리게 느껴왔다. 인쇄 매체든, 디지털 매체든, 매체(미디어)산업도 사정은 비슷하다. 제로에 가까운 한계비용으로 콘텐츠를 유통시킬 수 있는 인터넷의 능력은 값을 내리게 하는 엄청난 압력으로 작용하고 있다. 인터넷은 또한 중간에 낀 중개인들을 필요 없게 만들고 그들의 영업기반을 파괴한다.

은행도 핀테크 회사들의 등장으로 많이 바뀔 것이다. 종래에 손으로 처리하던 거래와는 달리 디지털 결재나 디지털 증권구매는 한계비용이 극도로 적게 든다. 트레이드 리퍼블릭(Trade Republic)은 모든 유가증권 거래에 대해 거래액수에 상관없이 1유로만 받는다. 높은 변동비를 감수하며 제품을 팔거나 개인적 서비스를 제공하는 전통적인 회사들은, 한계비용 제로인 디지털 경쟁자들과의 싸움에서 장기적으로는 도저히 이길 수가 없다. 유튜브·넷플릭스·스포티파이·부킹닷컴 등과 비슷한 서비스 회사들은 자신들의 독특한 사업모델로 비디오가게·영화관·전통적인 라디오와 텔레비전 그리고 여행사들을 이미 벼랑 끝으로 내몰았다. 공유경제도 이에 못지않게 가격과 가격경쟁에 큰 영향을 주고 있다. 에어비앤비를 통해 일반인이 가정집의 남는 방을 빌려주는 것은 기존 호텔들에게 새로운 경쟁이자 심각한 도전이다.

'한계비용 제로'를 논의할 때 근본적인 핵심사항 하나를 잊으면 안된다. 우리가 지금 언급하려고 하는 이 점을 리프킨은 지나치게 소홀히 다루었다. 그것은 한계비용은 단기적으로만 가격하한선이라는 사실이다. 반면 장기적인 가격하한선은 한 제품의 총 단위원가(full unit cost)이며, 이것은 한계비용과 배분된 고정비를 합친 수치다.

어느 회사도 간신히 공헌마진만 벌어서는 장기적으로 살아남을 수 없다. 공헌마진으로 고정비를 충당하고도 남아야 한다. 즉, 손익분기점을 넘어야 한다. 그래야만 이익이 나고, 이익이 있어야만 회사는 오랫동안 생존할 수 있다. 이런 점에서 자본주의의 장래에 관한 리프킨의 결론은 설득력이 없다. 물론, 한계비용이 제로이면 치열한 가격경쟁이 벌어질 것이다. 그러나 '한계비용 제로'가 경제의 근본법칙과 (기업이) '살아남기 위한 비용'으로서의 이익의 중요성을 무효로 만들지는 않을 것이다.[10]

그렇다면 '한계비용 제로'와 인플레이션은 어떤 관계에 있는가? 한계비용이 0 또는 0에 가까우면, 인플레이션은 한계비용에 거의 영향을 끼치지 못한다. 이것은 가격하한선이 0 또는 0에 가까움을 뜻한다. 최적가격은 여전히 매출액을 극대화하는 가격이거나 그것에 매우 가깝다. 그러나 인플레이션을 맞아 고객들의 지불용의가격이 올라가면 당연히 매출액을 극대화하는 가격도 상승한다. 그러면 최적가격도

9. 디지털화의 기회를 활용하라

올라간다. 그러나 인플레이션은 고정비에는 고스란히 반영된다. 그렇기 때문에 손익분기점도 올라간다. 이때 우리는 2가지의 서로 다른 경우를 구분할 수 있다.

1. 한계비용은 0 또는 0에 가깝고, 지불용의가격은 변하지 않으며, 고정비가 올라간다. 그러면 최적가격은 달라지지 않고 그대로 매출액을 극대화하는 가격이며, 손익분기점은 올라간다.
2. 한계비용이 0 또는 0에 가깝고, 지불용의가격이 올라가며, 고정비도 상승한다. 그러면 지불용의가격과 함께 최적가격도 올라간다. 손익분기점이 어떻게 변하는가는 고정비와 지불용의가격의 상대적인 상승폭에 달려 있다.

결론적으로, 한계비용이 0 또는 0에 가까우면 이것은 상당한 한계비용이 있는 경제와 비교할 때 디지털 제품들에 대한 인플레이션의 영향력을 약화시킨다. 그러나 인플레이션이 오면 더 많이 팔고 더 많은 고객을 끌어들여야 하는 압력 또한 거세진다. 그 까닭은 손익분기점이 올라가기 때문이다.

간추림

인플레이션과 디지털화의 관계를 다룬 이 장의 핵심내용을 간추리면 다음과 같다.

디지털화는 투명성을 극적으로 높였다. 특히 가격투명성은 더 그렇다. 그러나 가치투명성도 그 중요성이 지속적으로 더 커지고 있다. 가격투명성이 높아지면 가격반응함수의 기울기와 가격탄력성이 늘어난다. 그래서 인플레이션으로 말미암은 가격인상은 판매에 더 큰 악영향을 끼치고, 따라서 관철시키기가 더 어렵다. 이런 경향은 우리 회사가 값을 올릴 때 경쟁사들이 따라오지 않을수록 더 심해진다.

긍정적인 또는 부정적인 고객가치 평가는 수요와 가격탄력성 면에서 비대칭적인 반응을 일으킨다. 긍정적인 평가는 값을 올릴 때의 가격탄력성을 줄여준다. 그래서 만일 구텐베르크 함수가 해당 시장에 적용된다면, 독점영역이 더 커진다. 값을 올릴 수 있는 범위가 더 넓어지고, 판매는 덜 줄어든다. 긍정적인 평가는 회사의 가격결정력을 강화시켜준다.

반면에 평가가 나쁘면, 정반대의 일이 일어난다. 특히 경쟁의 무기로서의 가격이 힘을 잃으므로, 값을 내려도 판매효과가 별로 없다.

한계비용이 0 또는 0에 가까우면, 최적가격은 매출액을 극대화하는 가격이다. 지불용의가격이 변하지 않으면 가격도 그대로다. 이런 경우에는 한계비용이 0 또는 0에 가깝다는 사실이 인플레이션 효과를 약화시킨다. 그러나 손익분기점이 올라가기 때문에 회사는 성장을 해야 한다는 압박에 시달리게 된다.

（10）

인플레이션과 전술적 가격책정

이번 장에서는 인플레이션에 대처하는 전술적 가격조치를 논한다. 우리가 논의할 이 모델들은 값이 안정된 시기에도 물론 쓰인다. 인플레이션 조건 아래서 활용할 때는 부분적으로 수정되어야 한다. 예를 들어, 물가가 뛰면 구매력이 약한 고객들은 구매력이 강한 소비자들보다 더 큰 타격을 받는다. 이런 경우에는 가격차별화 조치를 상황에 맞게 더 정교하게 다듬어야 한다.

가격상승조항

인플레이션에 대항하는 가장 기초적이면서도 효과적인 조치는 이른바 가격상승조항(price escalation clause) 또는 가격조정조항(price adjustment clause)이다. 이것은 물가상승을 미리 예상하고 자동적으로 필요한 만큼 값을 올리게 해주는 조치여서 고객의 저항을 누그러뜨릴 수 있다. 이러한 조항은 이미 널리 퍼져 있다. 상업시설 임대차계약에는 흔히 다음과 같은 조항이 포함되어 있다.

"월간 소비자물가지수가 계약개시 또는 임대료(임차료) 변경시점의 상태와 비교하여 5% 이상 오르거나 떨어지면, 임대료는 같은 비율로 인상되거나 경감된다. 변경된 임대료는 물가지수가 바뀐 그달부터 자동적으로 적용된다."

여기서는 임대료를 변경시키는 지수변화의 문턱을 5%로 하기로 합의되어 있다. 가격조정은 양방향으로 할 수 있게 되어 있지만, 실제로는 순전히 이론에 지나지 않는다. 왜냐하면 지난 수십 년간 이 정도로 물가지수가 떨어진 적이 없기 때문이다. 이런 가격조정조항의 변형된 형태는 아래와 같다.

- 1년에 1번 매년 조정.
- 물가지수 상승분의 일부만 반영(예를 들어, 지수는 10% 상승했는데 임대료는 7%만 올린다).

가격상승조항의 내용을 어떻게 하느냐에 따라 임차인과 임대인이 분담하는 위험이 달라짐은 말할 것도 없다. 연간 조정은 대체로 임대인이 좋아한다. 그러나 2022년처럼 연간 물가상승률이 7%가 넘을 정도로 인플레이션이 심한 때는 이런 연간 조정이 임대인에게 불리할 수 있다. 문턱을 5% 정도로 해놓고, 물가상승률이 이것을 넘으면 해를 넘기기 전에 임대료를 올릴 수 있도록 하는 방식도 고려해볼 만하다. 연금 조정도 통상 비슷한 생각을 바탕으로 행해진다. 즉, 전년 임금상승 또는 물가상승률을 기초로 연금을 얼마만큼 조정할 것인가를 정한다.

B2B 분야에서는 가격상승조항이 관례이고, 우리는 기업 지도자들에게 이 조항을 꼭 넣으라고 간곡히 권장한다. 예를 들어, 장기계약을 맺는 운송 회사는 연료에 대한 가격상승조항을 무조건 넣어야 한다. 대형 화물트럭의 연료 용량은 보통 700L 정도다. 2022년 봄, 기름값이 폭발적으로 오르면서 경유 값이 1L당 직전 해에 비해 한때 약 800원이나 올랐다. 이것은 연료탱크를 1번 채울 때마다 56만 원이나 더 든다는 뜻이다. 어느 운송 회사가 가격상승조항이 없는 장기계약을 맺어놓은 상태라면, 그 회사는 이런 상황에서 아마 오래 버티기 힘들 것이다. 업계에서는 대체로 표준화된 가격상승조항을 쓴다. 관례적으로 통용되는 가격 공식은 '유엔경제위원회(United Nations Economic Commission)'가 만든 것이다. 이 공식에는 원자재비와 인건비 그리고 그것들의 변화가 포함되어 있다.

복잡한 가격상승조항을 실제로 적용하려고 할 때의 어려움은 (가격 공식을 구성하는) 각 요소의 가중치와 기준치(base value)를 정하고, 또 그것들을 상황 변화에 맞춰 통제하는 것이다. 이런 자료는 흔히 충분히 알려져 있지 않다(예를 들어, 값에 포함된 인건비의 비율). 그래서 이른바 '업계에서 통용되는 산업평균'을 기준으로 삼고 참고하는 경우가 많다.

고객 입장에서는 가격상승조항을 도입하면 경영계획에 불확실성이 생기기 때문에 대부분 고정가격을 고집한다. 게다가 파는 쪽에서 보면 모든 것을 투명하게 드러내야 한다. 이처럼 고객들은 대부분 포괄적으로 세분화된 가격공식을 요구하지만, 판매 회사는 대체로 원가와 가격산출 공식을 완전히 공개하기를 꺼린다.

10. 인플레이션과 전술적 가격책정

그러나 설사 계약서에 가격조정조항을 넣는다고 하더라도 최적 결과가 보장되지는 않는다. 실제로 어떤 제조 회사는 구리를 많이 포함하는 제품을 생산하기 때문에 최종가격을 구리가격에 연계시켰다. 그러나 다른 원가요소들과 고객들의 지불용의가격은 구리가격과 다르게 변해갔다. 따라서 구리가격이 크게 오르는 바람에 이 회사 제품의 가격은 시간이 지나면서 계속 경쟁력이 떨어졌다.

이제 기술이 발달하면서 기업들은 가격상승조항을 도입할 때 '스마트 계약(smart contracts)'이라는 기법을 쓸 수 있게 되었다. '스마트 계약'이란 블록체인에 저장되어 있다가 어떤 조건들이 충족되면 실행되는 프로그램이다. 예를 들면, 소비자물가지수, 원자재지수, 배달시간 등이 어떤 수치에 도달하면 프로그램이 실행되는 것이다.

스마트 계약은 중개자가 개입하거나 시간을 낭비하는 일 없이 자동적으로 합의하게 해주기 때문에, 모든 당사자들이 곧 합의결과에 대해 확신을 가질 수 있다. 이 프로그램은 또 작업의 흐름을 자동화하고, 어떤 조건들이 충족되면 그다음 행동을 (자동적으로) 촉발할 수도 있다.

그런데 가격상승조항은 가격결정력과 비슷한 면이 있다. 즉, 가격상승조항은 인플레이션이 시작되기 전에 이미 계약서에 포함되어 있어야 한다. 일단 인플레이션 시기에 돌입하면, 계약을 바꾸기 어렵다.

어쨌든 새 장기계약을 맺을 때는 가격조정조항이 필수불가결이다. B2B 거래관계에서는 가격조정조항에 관한 한 대체로 제약조건이 별로 없다. 그러나 소비자들을 상대로 할 때는 이 조항은 여러 가지 법률적 제약을 받는다. 이에 관해 어떤 변호사는 이렇게 말한 바 있다.

"가격조정조항 또는 가격변경조항은 계약서 작성이나 입법에 있어서 가장 복잡한 규제 대상에 속합니다."[1]

가격상승조항이 없는 계약

가격상승조항이 없으면 가격인상이 어려울 수 있다. 소비자들과 장기간에 걸쳐 거래해왔던 많은 경우에, 가격조정 또는 일반적인 거래조건의 변경은 과거에는 일정 기간 내에 반대가 없으면 받아들여진 것으로 보는 것이 관례였다. 그러나 이제는 세계가 점점 더 이런 부문에서 소비자들을 보호하는 방향으로 나아가는 듯하다.

예를 들어, 독일 연방재판소는 2021년 4월 27일 은행에 "그런 변경은 늘 고객들이 명시적으로 동의해줘야 한다."고 판결했다고 한다. 고객이 가격인상에 동의하지 않으면, 거래관계가 끝난다. 많은 서비스 회사들이 술수를 써서 고객들의 동의를 얻어내려고 한다.

유럽의 맥피트(McFit)라는 운동센터 체인은 2022년에 월회비를 19.9유로에서 24.9유로로 올렸다. 이것은 인상률이 25.1%이므로 상당히 많이 올린 것이다. 고객들의 동의를 간단히 얻기 위하여 이 회사는 센터 출입문에 이런 내용이 적힌 벽보를 붙였다.

"이 회전문을 통해 들어오시면 당신은 (가격인상에) 동의하시는 것입니다."

소비자단체는 이런 방식이 문제가 있다고 보고, 가격인상에 대해 나중에 반대할 수도 있다고 선언한다. 반면에 다른 여러 산업에서는 고객들의 적극적인 동의 없이 값을 올리는 것이 아직 관례다. 예를 들어 신문과 잡지의 경우에는, 어느 날 배달되는 호(號)에 원가상승과 높은 품질의 확보를 이유로 들며 구독료를 올린다는 간략한 공고가 실린다. 이런 때도 고객들은 물론 반대할 수 있지만, 그것은 사실상 구독을 끊는 행위가 되고 만다.

가격조정조항이 없으면 유쾌하지 않은 결과가 생길 수 있다. 많은 건축업자와 공공 발주기관은 고정가격을 요구하고 가격상승조항을 받아들이지 않는다. 그러면 이번 같은 인플레이션이 오면 그들은 미장·페인트·도배·전기 같은 여러 건축 관련 분야의 업자들을 부를 수가 없다. 왜냐하면 그런 업자들은 원가가 얼마나 들지 예측할 수 없는 상황에서 일을 맡을 경우 위험이 너무 크다고 생각하기 때문이다.

미국에서는 이런 문제가 법정 싸움으로 번지고 있다. 전기자동차 회사 리비안(Rivian)은 협력사 커머셜 비히클 그룹(Commercial Vehicle Group)을 고소했는데, 그것은 이 협력사가 납품한 자동차 좌석에 대해 원래 약정했던 가격 775달러의 거의 갑절을 요구했기 때문이다. 이것은 아마존이 발주한 10만 대의 차량에 들어갈 물량이다.[2]

이런 상황이 벌어지면, 양쪽이 다 지극히 곤란한 지경에 빠진다. 원가가 크게 올랐는데도 협력회사가 원래 가격밖에 못 받으면, 그 회사는 자칫하면 파산할 수도 있다. 자동차제조 회사가 이미 들어온 물량에 대해 (예상했던 것의) 갑절 가까이를 대금으로 지불해야 하면, 회사의 재무구조가 갑자기 엉망이 된다.

가격차별화

지금부터 우리가 서술하는 여러 가격전술은, 고객들 사이의 지불용의가격 차이를 가격차별화를 통해 활용한다는 공통의 목적이 있다. 다음 페이지의 〈그림 10-1〉은 기업이 값을 차별화함으로써 잠재적으로 얻을 수 있는 이익을 보여준다. 이 그림의 구조는 우리가 이미 앞의 〈그림 5-2〉에서 본 바 있다.

〈그림 10-1〉의 위쪽 그림은 회사가 1만 원이라는 '단 하나의 가격'으로만 10만 개를 팔고 있는 경우다. 앞서 4장과 5장에서 썼던 똑같은 수치를 여기서도 쓰므로 이때의 공헌마진은 (10억 원 - 6억 원) = 4억 원이며, 이것은 그림에서 빗금으로 표시되어 있다. 여기서 고정비 3억 원을 빼면 1억 원의 이익이 남는다. 그러나 잠재적인 공헌마진과 이익은 이보다 훨씬 크다. 〈그림 10-1〉의 아래쪽 그림에 있는 빗금 친 삼각형이 바로 이 잠재적인 공헌마진이며, 이것은 가격축과 개당 변동비(한계비용) 그리고 가격반응함수로 이루어져 있다.

가격반응함수와 원가함수가 모두 선형이면, 이 삼각형은 회사가 단일가격으로 얻을 수 있는 직사각형(위쪽 그림)의 갑절이다. 그래서 만약 이 가상의 회사가 차별화된 여러 가격으로 잠재적인 공헌마진을 모두 거둔다면, 공헌마진이 4억 원에서 8억 원으로 늘어난다. 따라서 이익은 (8억 원 - 3억 원) = 5억 원으로 무려 5배나 뛴다.

그렇다면 이 회사에 주어진 도전은 "어떻게 직사각형에서 삼각형으로 가느냐?"다. 먼저 떠오르는 방법은 고객마다 다른 값을 부르는 것

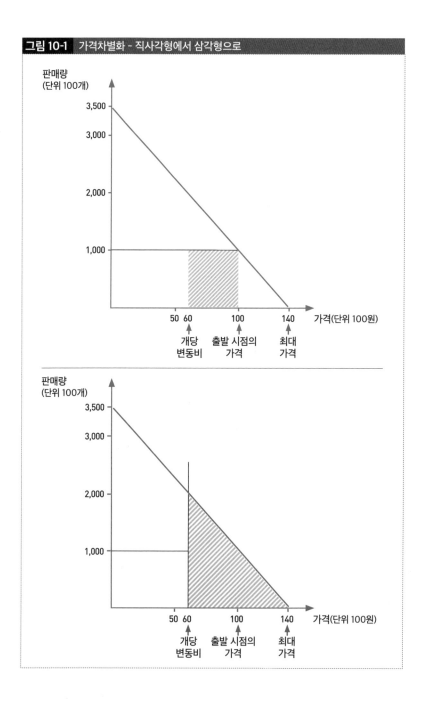

그림 10-1 가격차별화 – 직사각형에서 삼각형으로

이다. 옛날에 시골에서 큰 장이 서면, 약삭빠른 장사꾼들은 바로 이 방법을 썼다. 그들은 각 손님의 구매력과 지불용의가격을 주관적으로 헤아리고 돈이 좀 있어 보이는 사람에게는 바가지를 씌웠다. 오늘날의 시장에서는 (특히 인터넷 덕분에) 가격투명성이 한결 높아져 이런 수법이 맥을 못 춘다. 옛날이라면 더 높은 가격을 지불했거나 또 그래야만 했던 고객들이 쉽게 더 낮은 가격을 찾아내고 또 그 값에 사기 때문이다. 이런 상황에서의 가격차별화는 사실상 가격인하와 다를 바 없으며, 그래서 이익도 더 떨어질 것이다.

그렇다면 가격차별화에는 위험이 따른다는 말이 되고, 따라서 가격차별화는 고객들을 구매력과 지불용의가격에 따라 분리할 수 있을 때만 의미가 있다. 이렇게 고객들을 서로 떼어놓는 것을 학자들은 '울타리 치기(fencing)'라고 부른다. 울타리 치기가 효과를 발휘하려면 대체로 차별화된 다른 마케팅 변수(제품, 유통경로, 상표 등)로 뒷받침되어야 한다. 그러나 울타리 치기를 통한 가격차별화를 지원하기 위해 여러 마케팅 변수를 동원할수록 차별화 정책을 시행하는 비용도 올라가기 마련이다.

인플레이션 시기에는 가격차별화가 어떤 의미를 갖는가? 인플레이션 경향은 고객들의 지불용의가격을 바꿀 것으로 생각된다. 어떤 고객들이 가격인상을 비교적 큰 저항 없이 받아들일까? 어떤 고객들이 우리가 제공하는 제품과 서비스의 값어치를 높이 평가하고, 그래서 장기적으로 우리의 단골이 될 수 있을까? 우리가 제공하는 (제품과 서비스의) 성능을 어떻게 높여야 고객들의 지불용의가격이 올라갈까? 윤리적인 이유로 가격을 덜 조정해야 하는 고객들이 계실까?[3]

구매력이 약한 소비자들은 값에 더 민감하게 반응하는 경향이 있거나 또는 어떤 제품의 구매를 아예 포기한다. 반면에 여유 있는 소비자들은 인플레이션의 영향을 덜 받고 그들의 지불용의가격도 덜 변한다. 인플레이션을 맞아 이런 구도가 형성되면, 지금까지의 가격 차이를 더 벌여야 한다. 즉, 싼 등급의 제품은 값을 올리되 프리미엄 제품보다 인상률 또는 올리는 금액의 절대액을 더 낮게 한다. 이러한 정책은 서로 다른 유통경로에도 적용된다. 가격에 민감한 경로에서는 기업이 값을 올릴 때 고급 유통경로에서 올릴 때보다 더 신중하고 조심스러워야 한다.

이것은 소비재뿐만 아니라 B2B 분야에서도 똑같다. 산업재 시장에서는 어차피 협상에 의해 값이 정해지는 경우가 태반이고, 단일가격은 소비재 시장에서보다 더 드물다. 또 B2B 시장에서는 가격투명성이 더 낮은 경향이 있고, 따라서 가격차별화도 더 두드러진다. 이와 관련된 사례를 뒤에 나오는 〈그림 12-3〉에서 보여줄 것이다. 이제부터는 조금 더 복잡한 가격차별화 전술을 논의하려고 한다.

우리는 특수한 인플레이션 효과와 관련 있는 내용만 다룰 것이고, 이런 전술들의 기본 논리가 궁금한 독자들께서는 전문서적을 참조할 것을 권한다.[4]

덜 비싼 대안

인플레이션으로 말미암아 소비자들이 값에 더 민감해지면, 기업은 이른바 '덜 비싼 대안(Less Expensive Alternative, 이하 LEA)'으로 대응할 수 있다. 이것은 흔히 원래 상표 판매의 잠식(cannibalization, 제 살 깎아먹기)을 막기 위하여 둘째 상표로 도입된다.

어느 특수화학약품 회사는 전에는 독특했던 자사의 실리콘 제품들이 많은 고객들에게 너무 비싸졌음을 알게 되었다. 값을 더 올리자, 그에 걸맞은 값어치를 못 느끼는 고객들이 떠나갔다. 그럼에도 불구하고 원가를 보면 가격인상은 불가피했다. 그래서 이 회사는 원래 상표보다 약 20% 싼 LEA를 내놓기로 결정했다. 회사는 이 제품을 사는 고객들에게는 최소한의 서비스만 제공했고, 고객들은 이것을 유조차 전체 용량 단위로만 주문할 수 있었으며, 제품 인도 기한은 일주일에서 20일까지이었으므로 비교적 긴 편이었다. 제품 인도 기한을 길게 잡아놓았기 때문에 회사는 남는 생산시설을 활용할 수 있었다. 각 고객에 따라 개별적으로 조정하는 것은 불가능했다. LEA를 도입하자, 이 회사는 두 자릿수 성장률을 기록했다고 한다. LEA는 이 회사의 새로운 성장 동력이 된 것이었다. 원래 상표의 판매감소, 즉 '제 살 깎아먹기'는 우려했던 것보다 크지 않았다.

제품범주에 따라 다르다

기업은 또 제품범주(product category)에 따라 가격차별화를 할 수 있다. 소비자들의 가격민감도는 제품범주에 따라 다르다. 앞의 〈그림 2-3〉에서 보았다시피, 독일 소비자들의 절반 이상이 쇼핑할 때 예전보다 더 가격에 주목하지만 휴가비를 건드리겠다고 응답한 소비자들은 18%에 지나지 않는다. 미국에서도 소비자들이 비슷한 경향을 보인다. 2022년 4월에 실린 〈월스트리트 저널〉 기사에 따르면, 코로나19 때문에 여행을 떠날 수 없었던 소비자들은 휴가와 여행을 위해 비싼 가격을 감수할 용의가 있다고 한다.[5]

얼핏 보면 모순인 듯한 이들의 행동은 이른바 정신회계이론(mental accounting theory)으로 설명할 수 있다. 이 이론에 따르면, 소비자들은 자신들의 거래를 몇 개의 서로 다른 정신계정(mental accounting)으로 나누고 계정에 따라 돈을 다소간 쉽게 쓴다고 한다.[6]

예를 들어, 어느 고객이 식당에서 식사를 한다고 하자. 그러면 그는 마음속의 어느 계정 하나를 열고 그곳에 지불한 액수를 기록한다. 이것은 이 거래로 말미암은 '손실'이다. 또 그가 식사하는 행위에 의해 다른 하나의 계정이 열린다. 그리고 거기에는 이 고객이 소비함으로써 생기는 '이득'이 기록된다. 이것으로 이 거래는 마무리된다. 우리가 "고객들은 그들이 얻는 효용을 극대화하려고 노력한다."고 가정하면, 그들은 무의식적으로 자신들이 느끼는 손실을 최소화하고 이득을 극대화하려고 할 것이다.

이 계정들은 음식, 휴가, 취미, 자동차, 선물 등 서로 다른 여러 가지 기준에 따라 형성될 수 있다. 이러한 범주화(categorization)는 소비자들이 지출계획을 세우고 지출상황을 점검하는 데 도움이 된다(예를 들어, 나는 휴가로 최대 300만 원까지만 쓴다). 계정에 따라 지출 행동과 가격 민감도가 다르다. 더군다나 코로나19가 번지기 시작한 이후 소비자들은 휴가, 여가활동, 외식 등에 돈을 쓸 기회가 별로 없었다. 그래서 많은 소비자가 그런 정신계정들에 예비비를 많이 쌓아놓았고, 이제 쓸 기회를 엿보고 있는 것이다.

이런 상황을 놓고 볼 때, 가격인상은 제품범주에 따라 그 난이도가 전혀 다르다. 예를 들어, 어떤 회사가 여러 부문에서 장사를 하고 각 부문은 서로 다른 정신계정에 속한다고 하자. 이럴 경우 이 회사가 부문에 상관없이 일률적으로 값을 올린다면, 아마 좋은 결과가 나오지는 않을 것이다. 우리나라의 CJ그룹은 식품, 외식, 제약, 물류, 소매, 미디어, 영화관, 영화제작 등 다양한 영역에서 사업을 하고 있다. 정신회계 이론이 맞다면, 각 사업부문에 따라 값을 올릴 수 있는 범위가 크게 다를 것이다.

포장의 축소

공개적인 가격인상을 피하는 한 방법은, 포장의 크기나 포장 안에 들어가는 제품의 크기 또는 양을 줄이는 것이다. 어떤 가격문턱을 넘지 않으려면 또는 예를 들어 자동판매기에서 판매되는 제품들의 값이 우수리가 없는 몇 가지로(가령 1,000원, 5,000원, 1만 원 등) 고정되어 있으면, 이런 방법이 바람직하거나 필요할 수도 있다. 그렇지 않으면 소비자들이 이런 수법을 기업의 술수 또는 속임수로 인식할 위험이 있다.

이런 방식은 제품을 마음대로 분할할 수 있거나 또는 포장의 크기가 그다지 표준화되어 있지 않은 경우(예를 들어 과일주스 등)에 널리 행해지고 있다. 담뱃갑에 들어가는 담배의 수도 어떤 절대가격을 유지하기 위해 가끔 조정된다. 어떤 인터넷 사이트에서는 그런 여러 사례들을 열거하고, 이런 수법을 '과대포장'이란 말로 표현한다.[7]

몇 년 전에 유럽의 큰 커피 회사 치보(Tchibo)가 포장의 크기를 500g에서 400g으로 줄이자, 대중들이 크게 반발했다. 언론과 소비자들이 아주 부정적으로 반응하자, 치보는 부랴부랴 포장을 원래의 크기인 500g으로 되돌려야 했다.

한편, 제조 회사가 포장을 축소해도 소매 회사가 반드시 협조해주지는 않는데, 유럽의 약국 체인 디엠(dm)의 사례를 보면 알 수 있다. 디엠은 미국 회사 콜게이트-팔모라이브(Colgate-Palmolive)의 치약이 포장은 작아졌지만 값은 그대로라는 사실을 전단을 붙여 고객들에게 알렸다.

어떤 심각한 가격문턱을 넘지 않기 위해 기업이 이런 조치를 검토해볼 수는 있다. 그렇지 않으면 고객들과 소매업계가 이것을 기업의 속임수로 받아들이고 매우 좋지 않은 방향으로 반응할 수 있다. 포장의 축소는 또한 만성적 인플레이션 아래서는 어차피 여러 차례 시도

해볼 수도 없다. 그래서 전체적으로 보아 이것은 인플레이션에 대처하는 도구로서는 그다지 적합하지 않다.

가격문턱

많은 경영자가 제품가격이 어떤 문턱(threshold)을 넘어서면 판매가 급격히 떨어질 것이라고 믿고 있다. 그런 가격문턱은 통상 1, 5, 10 또는 100같이 우수리가 없는 숫자들이다. 그래서 업계에서는 홀수가격책정(odd pricing)이라는 방법이 널리 쓰인다. 이것은 가격문턱이라고 생각되는 숫자보다 조금 작게 값을 정하는 방법이다(예를 들어 950원, 990원, 9,800원, 9만 8,000원). 실제로 이러한 가격책정방법은 우리나라에서뿐만 아니라 외국에서도 널리 행해지고 있다. 특히, 소매업에서 이런 정책을 많이 쓴다. 쿠허(Kucher) 박사가 소비재 1만 8,096개의 가격 끝수를 조사했더니 다음과 같은 결과가 나왔다.[8]

- 끝수가 홀수 : 91.7%
- 끝수가 짝수 : 8.3%
- 끝수가 0 : 0%

조사결과, 가격의 끝수가 9로 끝나는 경우가 전체의 무려 43.5%에 달했다. 주유소의 경우에는 거의 모든 값의 끝수가 9였고, 그것도

9센트로 끝나는 것이 아니라 0.9센트로 끝났다. 값이 안정된 시기에는 기업들이 가격문턱을 넘으려고 하지 않는다. 인플레이션 조건 아래에서는 몇 가지 이유에서 이것이 크게 문제 되지 않는다. 우선 경쟁사들도 가격문턱을 넘고 싶어 할 확률이 더 높다. 그리고 소비자들도 가격문턱이 돌파되는 경험을 더 자주 한다. 게다가 그들의 준거가격체계(reference price system)도 흔들린다. 이런 상황에서는 가격문턱이 기업에 필요한 가격인상의 걸림돌로 작용하지 못하는 경향이 있다. 또 이런 경우에 의사결정을 미루는 것도 궁극적으로 문제를 해결해주지 못한다. 왜냐하면 어차피 가격문턱을 넘어야 하는 다음 가격인상의 순간이 머지않아 곧 올 것이기 때문이다.

할인은 더 신중하게

우리가 현실에서 보는 많은 가격모델은 실제로는 많이 깎아주고 말정가(list price)에 바탕을 두고 있다. 이러한 정가와 할인의 조합은 할인의 판매촉진 효과가 클 때는 의미가 있다. 조금 황당하게 느껴지는 형태는, 미국에서 좋아하는 이른바 '현금 돌려주기 모델(cash back model)'이다. 예를 들어, 고객이 자동차를 1대 사면서 3만 달러를 신용카드로 사면 그는 나중에 2,000달러를 현금으로 돌려받는다. 이런 식의 현금 돌려주기 모델이 이제는 독일에서도 가구를 살 때 인기라고 한다.

그러나 인플레이션 상황에서는 이런 모델의 효과가 의심스럽다. 우선 기본 정가가 오르면 소비자들이 주춤하거나 심리적으로 위축된다. 특히 정가는 눈에 잘 띄는데 할인혜택은 잘 보이지 않는 경우, 이런 경향이 더 두드러진다. 그래서 기업이 인플레이션 시기에 할인을 미끼로 판매증진을 꾀하는 것은 신중히 그리고 사려 깊게 추진해야 한다. 할인 혜택의 축소는 사실상 가격인상이며, 이런 경우에는 고객들의 저항이 상대적으로 조금 더 약할 수 있다. 따라서 인플레이션이 진행됨에 따라 새 자동차를 살 때 할인율이 낮아지는 것은 그리 놀라운 일이 아니다. 어느 자동차 연구기관의 조사결과에 따르면, 2022년 봄의 할인율은 16.3%였는데 이것은 지난 10년 동안 가장 낮은 수준이었다고 한다.[9]

물품할인(discounts in kind) 역시 줄여야 한다. 물품할인의 이름으로 기업이 덤으로 더 주던 물량을 줄여서 절약한 원가는 기업으로 하여금 고객들이 우리 제품을 살 때 내야 하는 값을 덜 올릴 수 있게 해준다.

자체 실험으로 타당성을 검증하라

이번 장에서 살펴본 전술적 가격조치는 어떤 형태로든 가격차별화를 요한다. 인플레이션 시기에도 기업이 값을 차별화하거나 올림으로써 잠재적으로 거둘 수 있는 이익은 무척 크다. 그러나 이 모든 가능한 혜택은, 자세한 정보가 있어야만 얻을 수 있다. 우리가 여기서 그러한 정보를 수집하는 여러 방법을 자세히 논할 수는 없으므로, 독자들께는 관련 전문서적을 참조할 것을 권장한다.[10]

그럼에도 불구하고 우리는 한 방법만은 특별히 언급하고 싶다. 그것은 바로 '실험'이다. 가능하다면 기업은 자체의 아이디어를 현실적인 테두리 안에서 시험해보아야 한다. 실험은 개별 목표집단, 지역, 또는 제품에 대해 해볼 수 있다. 기업이 전자상거래를 하거나 또는 비슷한 데이터베이스를 갖고 있으면, 그런 시험은 간단히, 지체 없이 할 수 있다. 그런 시험을 통해 타당성을 검증하는 주요 목적은 심각한 실수를 피하는 것이다. 왜냐하면 기업이 일단 어떤 가격조치를 취하면, 통상 상당한 불이익을 감수하지 않고서는 그것을 돌이킬 수 없기 때문이다.

간추림

이번 장의 핵심내용을 간추리면 아래와 같다.

가격상승조항은 인플레이션 시기에 어차피 필요한 가격조정을 자동적으로 하게 해준다. 그런 만큼 파는 처지에 있는 회사는 이것을 반드시 계약서에 넣어야 한다. 기업이 신규계약을 맺을 때는 '스마트 계약' 기법을 쓰는 것이 좋다.

가격차별화는 수준 높은 가격책정 예술이다. 기업이 거둘 수 있는 잠재적 이익을 단 하나의 가격으로 모두 챙길 수 있는 경우는 거의 없다시피 하다. 고객들의 지불용의가격이 각자 서로 다를 때는 차별화된 여러 가격을 시장에 제시해야만 기업이 잠재적 이익을 실제 이익으로 만들 수 있다.

인플레이션은 구매력이 약한 고객집단과 강한 고객집단에 각각 다른 영향을 미친다. 따라서 기업은 인플레이션 상황에서 가격 차이의 폭을 다시 검토할 필요가 있다. 대체로 인플레이션 시기에는 그 폭이 더 큰 것이 최적이다.

기업이 가격인상을 관철시키고자 할 때는, 먼저 고객들의 지금까지의 공헌마진을 고려해야 한다. 이런 공헌마진은 고객가치의 지표다. 실증연구 결과에 따르면, 공헌마진이 큰 고객들이 기업의 가격인상을 더 기꺼이 받아들이는 경향이 있다.

인플레이션 시기에는 높은 정가와 높은 할인율의 조합을 재검토해야 한다. 특히 정가의 투명성은 높은데 할인의 투명성이 낮은 경우에는 더욱더 그렇다.

가능하다면 기업은 새로운 전술적 가격조치를 현실적으로 할 수 있는 범위 내에서 미리 시험해보는 것이 좋다.

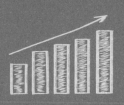

혁신적 가격시스템을 도입하라

지난 30여 년간 가격 분야에서는 그 이전 3,000년 동안보다 더 많은 혁신이 이루어졌다. 그러한 혁신의 상당 부분은 정보통신기술의 발달과 인터넷의 보급에 힘입은 바 크다. 기업이 인플레이션과 싸우는 데 있어서 이렇게 새로 나타난 가격시스템은 그 중요성이 매우 크다.

그러나 그 이점과 그것들을 어떻게 시행하는가는 인플레이션 때문에 달라질 수 있다. 이미 널리 보급된 후리미엄(freemium) 모델을 예로 들어보자. 이것은 고객이 기본 서비스를 공짜로(free) 얻거나 또는 격상된 고급 서비스를 유료로 이용할 수 있는 가격모델이다. 기본 서비스는 값이 제로이므로 당연히 인플레이션의 영향을 전혀 받지 않는다. 후리미엄 모델을 유지하는 한, 기본 서비스의 값은 0이다. 반면에 프리미엄(premium) 서비스의 값은 올라야 하므로 고급 서비스의 이점은 상대적으로 줄어들 수밖에 없다. 우리는 이번 장에서 혁신적인 가격결정방식들 가운데 대표적인 것 몇 가지를 소개하고, 그것들이 인플레이션 시기에 주는 시사점을 논의하고자 한다.

11. 혁신적 가격시스템을 도입하라

동태적 가격책정

동태적 가격책정(dynamic pricing)은 시시각각 달라지는 수요-공급 상황에 맞춰 가격을 빠르게, 끊임없이 조정하는 기법이다. 이러한 가격변동은 증권거래소에서처럼 초 단위나 분 단위로 일어날 수도 있고, 하루·한 주 또는 한 철의 변동을 바탕으로 값이 조정될 수도 있다. 항공여객운송, 호텔, 관광업 같은 서비스 산업에 특히 많이 보급되어 있는 것이 이른바 수익률 관리(yield management) 또는 매출액 관리(revenue management)다. 이것은 주어진 (대체로 고정된) 생산능력을 이익을 극대화하는 방향으로 활용하기 위해 가격과 생산능력을 동시에 그리고 동태적으로 조종하는 것이다. 시점에 따라 또는 주어진 조건에 따라 고객들에게 제시되는 가격대가 다르고, 그것에 배정되는 서비스의 질과 양도 달라진다. 비행기 좌석이 여러 가격으로 판매되며, 대체로 각 가격대에는 서로 다른 제약조건이 붙게 마련이다. 힐튼(Hilton)의 최고경영자 크리스토퍼 나세타(Christonpher Nassetta)는 이에 대해 이렇게 말한다.

"우리는 우리 제품의 값을 매일, 매초(every second) 바꿀 수 있습니다."[1]

주유소 업계도 가격을 자주 바꾸는 일이 매우 흔하다. 동태적 가격책정 시스템은 인플레이션 시기에 가격조정을 수월하게 해준다. 왜냐하면 고객들이 수시로 가격이 바뀌는 것에 이미 익숙해져 있기 때문이다. 이런 조건에서는 고정된 '준거가격시스템'이 생기지 않는다. 그러나 다른 점이 하나 있기는 하다. 평상시에 기업이 값을 동태적으로 조정할 때는 값이 오르기도 하고 내리기도 하지만, 인플레이션 시기에는 값이 주로 오르거나 또는 오로지 오르기만 한다.

기업이 동태적 가격책정을 제대로 하려면, 실시간에 최대한 가까운 시점의 정보를 끊임없이 공급해줄 수 있는 정교한 정보시스템이 필요하다. 그러한 정보시스템은 빠른 대응능력이 요구되는 인플레이션 시기에 크나큰 이점이 될 수 있다. 이미 동태적 가격책정을 하고 있는 회사는 현재의 시스템을 인플레이션 상황에 맞춰 더 확대할 수 있다. 그렇게 하려면 기업 지도자가 더 긴 안목으로 경영을 바라보아야 한다. 즉, 예컨대 더 장기적으로 원가와 가격을 예측하는 등 이른바 '시간의 지평(time horizon)'을 더 넓힐 필요가 있다.

다차원 가격책정 시스템

많은 가격시스템은 그 구성요소가 하나가 아니고 둘 이상이다. 고전적 사례는 기본요금과 사용량 또는 사용시간에 비례하는 변동요금으로 이루어져 있는 전기요금·전화요금·택시요금 등이다. 최근 사례는 유명한 독일의 철도카드인 반카드(Bahncard)와 아마존 프라임(Amazon Prime)이다. 독일 국영철도 회사가 도입한 반카드는 고정가격인 카드값과 변동가격인 기차표값으로 이루어져 있다. 가장 인기 있는 카드는 '반카드50'인데, 고객이 이것을 사면 1년 동안 언제 어디서나 어느 구간을 여행하건 모든 승차권에 대해 50% 할인을 받는다. 1등칸의 경우 반카드50의 값은 약 500유로다.

이런 다차원 가격시스템을 구성하는 각 요소는, 인플레이션으로부터 받는 영향이 서로 다를 확률이 높다. 어느 고객이 반카드50을 사면, 처음 구입할 때 한 번만 돈을 내고 1년 동안 그 카드에 관한 한 전혀 신경을 쓸 필요가 없다. 반면에 승차권의 경우는 그것을 살 때마다 돈을 내야 하며, 1년 내내 언제든지 값이 오를 가능성이 있다. 승차권값이 올라도 반카드50을 갖고 있는 고객은 가격인상의 영향을 50% 덜 받는다. 그런데 고객이 반카드100을 사면, 1년간 아무리 승차권값이 올라도 그는 전혀 영향을 받지 않는다. 현재 반카드100은 1등칸이 7,010유로이고 2등칸은 4,144유로인데, 이것을 사면 1년간 독일 내에서는 무제한으로 기차를 탈 수 있다.

이것은 반카드를 갖고 있는 고객들에게는 가격인상이 구텐베르크 함수의 '독점영역' 안에서 일어나는 일이고, 반면에 그것이 없는 고객들은 가격인상의 충격을 고스란히 흡수해야 하므로 함수의 오른쪽 가격문턱을 넘어간다는 것을 뜻할지도 모른다(〈그림 7-1〉 참조). 그 결과 반카드50을 갖고 있는 고객들은 승차권 가격인상에 대해 덜 부정적으로 반응한다. 그뿐 아니라 가격의 이러한 다차원성은 고객들이 가장 낮은 가격민감도를 보이는 구성요소에 집중할 수 있는 기회를 회사에게 준다. 이 생각을 반카드에 응용해보자. 만일 반카드 가격에 대한 가격탄력성이 승차권 가격에 대한 가격탄력성보다 낮으면, 반카드의 값을 더 높은 비율로 올리는 것이 바람직하다.

아마존 프라임도 역시 2차원 가격시스템이다. 인플레이션이 시작되면서 아마존은 미국에서 프라임 서비스의 값을 연간 119달러에서 139달러로 올렸다. 이것은 16.8%의 인상률로 상당히 높은 편이다. 전 세계의 프라임 고객은 2억 명이 넘는다. 지금까지의 미국 가격을 세계시장에 적용해보면, 아마존은 지금까지 프라임으로 238억 달러를 벌어들였다. 이 회사의 2021년 총매출액은 4,688억 달러였으므로, 이것은 총매출액의 5%를 약간 넘는다. 프라임 서비스에 대한 가격탄력성은 아마 낮을 것이고, 제품가격에 대한 가격탄력성보다도 낮을 것이다. 가격탄력성이 -0.3이라고 가정하면, 아마존은 프라임의 값을 올림으로 말미암아 1,000만 명의 고객을 잃는다.[2]

그러나 매출액은 (2억 명 - 1,000만 명) × (139달러 - 119달러) = 38억 달러 증가한다. 아마존은 이 큰돈을 제품들에 대한 인플레이션 압박을 줄이는 데 쓰거나 또는 서비스를 개선하는 데 활용할 수 있다. 인플레이션 시기에 이 두 방안은 모두 의미 있어 보인다.

고객의 성과에 달려 있는 가격

고정가격과 고객의 성과에 따라 달라지는 요소로 이루어진 가격시스템도 역시 다차원 가격체계다. 그래서 고객이 얼마나 성공을 거두느냐에 따라 그가 실제로 지불하는 액수가 달라진다. 이러한 가격시스템은 공급 회사에 위험을 떠넘기므로 가격인상에 대한 고객의 저항을 줄여준다.

이런 모델은, 예컨대 호텔 같은 상업시설을 장기 임대할 때 자주 눈에 띈다. 호텔 임차인은 고정 임차료와 매출액 또는 이익에 달려 있는 액수를 지불한다. 따라서 임차인이 짊어지는 위험은 고정 임차료에 비해 줄어든다. 반대로 임대인은 더 큰 위험을 부담한다. 하지만 호텔이 특히 번창하면 임대인의 수입도 덩달아 올라간다는 긍정적인 면도 있다.

6장에서 고객가치를 높이는 방안을 논의하면서, 독일의 풍력에너지설비 회사 에네르콘의 과감한 설비가동률 보장정책을 소개했다. 이 회사가 제공하는 포괄적이고 매력적인 서비스의 가격은 대부분이 고객이 에네르콘의 제품을 써서 얻는 수익에 달려 있으며, 고정가격은 전체의 일부분에 지나지 않는다. 그래서 회사가 불가피하게 이 고정가격을 올리더라도, 고객들에게는 큰 부담이 되지 않는다. 또 인플레이션이 가져오는 불리한 점은 고객의 성과에 달려 있는 변동가격 부분이 흡수한다.

묶음가격과 묶음가격 풀기

인플레이션 시기에 회사가 다발(bundle)로 팔던 제품들의 구성을 바꾸면 재미있는 가능성이 열린다. 묶음가격(bundling)의 기본 논리는 "어느 한 제품에 대한 소비자들의 지불용의가격 가운데 소진되지 않은 부분을, 여러 개의 제품 또는 서비스를 묶은 제품다발(product bundle)로 옮기는 것"이다. 묶음가격은 가격차별화의 매우 효과적인 전술이다. 인플레이션은 이 묶음가격과 '묶음가격 풀기(unbundling)'에 각기 다른 영향을 줄 수 있다.

기업이 이전에는 다발로 팔던 제품들을 이제 따로따로 파는 것을 '묶음가격 풀기'라고 하는데, 저가항공사 라이언에어(Ryanair)가 2006년에 처음 도입한 항공료와 '짐 부치는 값'의 분리는 이것의 손꼽히는 성공사례다. 처음에는 승객이 짐 하나에 3.5유로를 냈지만 지금은 20kg까지 노선과 여행날짜에 따라 20.99유로에서 59.99유로 사이의 금액을 지불해야 한다. 허용되는 무게를 초과하는 짐에는 허용치를 넘은 무게에 대해 1kg당 9유로가 부과된다. 1년에 약 1억 5,000만 명의 승객이 라이언에어의 비행기를 타고, 그들의 상당수가 짐을 부치므로 이 회사는 이 정책으로 엄청난 추가매출을 올리는 것이다. 라이언에어는 이 가격정책을 다음과 같은 놀라운 메시지로 전달했다.

"이제부터 짐을 부치지 않는 승객은 항공료를 약 9% 절약할 수 있습니다."

이런 말을 들으면 누구도 짐을 부치는 비용에 대해 반대하기가 어렵다. 이렇게 서비스를 분리하여 벌어들인 수입은 이 회사가 저가정책을 유지하고 항공권의 값을 덜 올릴 수 있도록 해준다. 항공권 가격이 소비자들의 관심의 초점이고 커뮤니케이션의 중심에 있으면, '묶음가격 풀기'는 인플레이션 시기에 유리한 가격전술이 될 수 있다.

고속도로 휴게소와 주유소를 운영하는 유럽의 서비스 회사 '탱크 앤드 래스트(Tank & Rast)'의 새니페어 가격모델(Sanifair pricing model)도 지향하는 방향이 비슷하다. 이전에는 고속도로 휴게소의 화장실이 무료였다. 이용자가 물건을 사건 말건 그냥 쓸 수 있었다. 그러나 이 모델이 도입된 후에는 화장실 이용요금이 70센트다. 고객은 상품을 구매할 때 50센트의 값을 쳐주는 쿠폰을 받는다. 즉, 물건을 사는 사람은 20센트를 그리고 사지 않는 사람은 70센트를 각각 내는 것이다. 단, 아이들과 장애인들은 화장실을 거저 쓸 수 있다. 1년에 5억 명 이상의 방문객이 고속도로 휴게소에 들르므로 이 회사는 이런 방식으로 상당한 수익을 올릴 수 있다. 이것 역시 묶음가격 풀기의 좋은 사례이며, 이 모델 덕분에 탱크 앤드 래스트는 본업에서의 가격압박을 완화시킬 수 있다.

지금까지는 전체 가격에 포함되어 따로 돈을 받지 않았던 제품 또는 서비스에 대해 추가로 값을 청구하는 것도 묶음가격 풀기의 하나다. 예컨대 소량 주문·신속 서비스·야간 또는 주말 배달·개인화된 맞춤형 제공물·선물 포장 등에 대한 별도의 가격청구가 이에 속한다. 기본적으로 이런 방식의 상당수는 이익을 더 늘릴 가능성이 있다.

하지만 기업은 인플레이션 상황에서 고객들이 이런 추가적인 가격부담을 어떻게 받아들일지를 면밀히 검토해야 한다. 물가급등 시기에는 고객들이 기업의 이런 조치를 달가워하지 않는 경향이 있다. 고객이 이렇게 따로 요금이 붙는 추가적인 제품이나 서비스를 선택할지 여부를 스스로 결정할 수 있으면, 기업은 자동적으로 시장을 세분하는 결과를 얻는다. 이렇게 시장이 나누어진 후에 선별적으로 값을 청구하는 방식이 아마 일괄적·강제적 추가요금 부과보다는 성공확률이 더 높을 것이다.

그러나 지금까지 논의한 것과 반대되는 방식, 즉 묶음가격이 더 적합한 상황도 있다. 지금부터 소개하는 B2B 분야의 사례가 바로 그런 경우다. 삼성전자는 자체 개발한 플래시 메모리를 애플에 팔기 위해 힘겨운 가격협상을 했지만, 애플은 삼성이 제시한 값을 받아들이지 않았다. 그러자 삼성은 오랫동안 깊이 생각한 끝에 애플이 요구하는 낮은 가격에 플래시 메모리를 팔겠다고 제안하면서, 조건을 하나 붙였다. 그것은 애플이 그때까지 인텔에서 사오던 대형 통합 애플리케이션 프로세서(application processor, AP)도 삼성에서 사달라는 것이었다. 애플은 이 조건을 받아들였고, 그 결과 이 회사는 졸지에 삼성의 최대 고객이 되었다. 삼성은 이렇게 두 제품을 묶어서 애플에 판매함으로써 수십억 달러의 AP매출을 올릴 수 있었다.[3]

이처럼 몇 개의 제품을 합쳐 다발로 팔면 전체적으로 공급 회사의 이익이 늘어나는 상황에서는, 그 회사가 개별 제품의 가격인상을 포기할 수 있다. 따라서 결과적으로 그 제품의 고객은 인플레이션의 영향을 덜 받게 된다.

더 어려워지는 후리미엄 모델

후리미엄은 인터넷에서 많이 접할 수 있는 가격모델이다. 기본 서비스는 무료로 제공되지만 더 값어치가 있는 프리미엄 서비스는 돈을 내야 향유할 수 있다. 스포티파이(Spotify), 링크트인(LinkedIn), 싱

(Xing) 등의 가격모델이 이에 속한다. 후리미엄 모델의 목적은 무료 서비스를 통해 많은 잠재고객을 끌어모으는 것이다. 이 모델을 비판적으로 보는 어느 저자는 이렇게 비꼰 적이 있다. "공짜상품으로 고객을 유혹하고 나중에 젖을 짜듯이 우려낸다."[4]

판매 회사는 사용자가 일단 기본 기능에 만족하면 그가 더 강력하고 더 나은 그리고 추가 기능이 있는 고급 유료 서비스를 즐기고 싶어 할 것이라고 기대한다. 광고가 없는 후리미엄 모델을 가진 판매 회사는 프리미엄 고객집단에서만 돈을 번다. 이 장의 첫머리에서 언급했다시피 인플레이션 상황에서는 후리미엄이 골칫거리가 될 수 있다. 왜냐하면 가격인상은 프리미엄 서비스에만 적용되기 때문이다. 그래서 제로가격과 프리미엄 가격의 격차는 더 커지게 마련이다.

기본 서비스와 프리미엄 서비스 사이의 효용(고객가치)의 차이는 달라지지 않았는데 후자의 값이 오르면, 기본 서비스 이용자가 돈을 내야 하는 서비스로 옮겨갈 확률이 당연히 떨어질 것이다. 따라서 양쪽 사이 효용의 차이를 더 벌리는 것이 대체로 더 권장할 만하다. 판매 회사가 프리미엄 서비스의 고객가치를 더 높이거나 기본 서비스의 효용을 떨어뜨리면, 또는 이 2가지 조치를 다 하면 효용에 관한 한 양쪽의 차이가 더 커진다. 그러나 대부분의 경우 그렇게 하기는 어려울 것이다. 왜냐하면 그 차이는 이미 그 전에 충분히 벌어진 상태였을 것이기 때문이다. 인플레이션은 후리미엄 모델을 시행하는 사업자를 더 힘들게 만든다.

값이 제로다

많은 인터넷 사이트는 공짜로 서비스를 제공한다. 이용자가 값을 지불하지 않는다. 사이트 운영 회사가 계속 이렇게 무료 서비스를 제공하는 한, 인플레이션은 사이트 이용자에게 아무런 영향을 주지 않는다. 물가상승률이 얼마든 간에 값은 예나 지금이나 제로다. 그러나 이러한 사업모델 역시 인플레이션의 영향을 벗어날 수는 없다. 왜냐하면 사업자는 다른 방법으로 원가를 충당해야 하기 때문이다.

사업자는 광고수입·데이터 판매대금·후원금 등으로 필요한 자금을 조달할 수 있다. 날씨 서비스나 사전 등 기타 비슷한 서비스들은 주로 광고를 받아 사업을 유지한다. 사람과 관련된 서비스를 제공하는 사이트들은 데이터를 팔아서 수익을 올린다. 위키피디아는 후원금에 의존한다. 인플레이션이 시작되면서 사이트 운영 회사의 원가가 치솟으면, 그러한 여러 원천으로부터의 수입도 그에 비례하여 늘어나야 한다.

광고수입과 데이터 판매대금은 이용자의 수에 달려 있고, 후원금 역시 그런 경향이 있다. 따라서 인플레이션이 오면 이용자의 수도 역시 증가해야 한다. 그래서 '가격제로'를 사업모델로 하는 회사는 인플레이션을 맞아 이용자 수를 급속히 늘려야 하는 엄청난 압박에 시달리게 된다. 이것은 우리가 9장에서 '한계비용 제로'와 관련하여 논의한 성장압박과 아주 비슷하다.

쓴 만큼 내기

전통적인 가격모델에서는 소비자가 물건을 사고, 그 값을 내고, 그것을 소유한 뒤 쓴다. 항공사는 자사의 항공기를 띄워줄 제트엔진을 구매하고, 물류 회사는 트럭에 쓸 타이어를 산다. 거래가 성립되고 물건값이 지불된다. 판매 회사는 판매대금을 금방 받으므로 인플레이션 시기에는 이런 거래모델이 그에게 유리하다.

리스와 임차 모델에서는 이러한 일시불 거래의 형태가 조금 달라진다. 고객은 여러 번에 나누어 대금을 지불한다. 판매자는 긴 시간에 걸쳐 돈을 받으므로 인플레이션 시기에는 이자뿐만 아니라 물건가치의 하락까지 계산에 넣어 리스료 또는 임대료를 산정해야 한다.

그러나 이제 대다수 소비자들은 물건을 구태여 소유한 필요가 없고, 필요할 때 쓸 수만 있으면 된다. 항공사는 제트엔진의 기능이 그리고 물류 회사는 타이어의 성능이 필요할 뿐이다. 그것들을 굳이 사서 소유하지 않아도 된다. 그렇다면 제조업체나 공급자는 제품 자체에 값을 매기는 대신, 제품이 실제로 제공하는 편익(benefit)에 대해서만 값을 매길 수 있다. 이것이 '쓴 만큼 내기(pay-per-use)' 가격모델의 출발점이다.

프랑스의 세계적인 타이어 회사 미쉐린은 혁신적인 '쓴 만큼 내기' 모델을 선구적으로 도입한 회사 중 하나다. 물류 회사들은 미쉐린의 타이어를 사지 않고 실제로 운행한 거리에 비례해서 타이어값을 지불한다. 기존 제품에 비해 성능이 25% 더 뛰어난 새 타이어의 경우, 미쉐린은 판매가격을 25%까지 올려야만 했을 것이다. 그러나 실제로 시장에서 이 정도로 값을 올리는 것은 불가능했을 것이다. 물류 회사들은 타이어에 관한 한 일종의 기준가격(price anchor)처럼 작용하는 일정 수준의 가격에 익숙해져 있다. 게다가 그들은 값에 아주 민감하다. 이런 상황에서 기준가격과 큰 차이가 날 정도로 값을 올리는 것은, 설사 신제품의 성능이 훨씬 더 낫다고 하더라도, 고객들이 받아들이지 않는다. '쓴 만큼 내기' 모델은 바로 이런 문제를 극복한다. 고객은 km당 값을 지불하기 때문에 타이어가 25% 더 달리면 사용료를 25% 더 낸다. 미쉐린은 이 모델을 써서 더 높은 고객가치에 걸맞은 가격을 훨씬 더 잘 받아내는 결과를 얻는다.

이 모델은 또 물류 회사들에게 가격 이외에 몇 가지 혜택을 더 안겨준다. 첫째, 타이어를 쓰는 데 드는 원가는 실제로 트럭이 달리고 운송 회사가 매출을 올릴 때만 발생한다. 반면에 일감이 없어 트럭이 주차장에 서 있을 때는 (운송 회사에) 원가가 발생하지 않는다. 또 운송업자로서는 원가계산이 한결 더 간편해진다. 그는 km당 원가를 즉각 알 수 있고, 많은 경우 자신의 고객에게 똑같은 기준을 써서 (즉 km당 운송료) 산정한 가격을 청구한다.

특히 인플레이션 상황에서는 바로 이 '쓴 만큼 내기' 모델이 전통적인 거래모델보다 시장에서 훨씬 더 잘 받아들여진다. 왜냐하면 전통적인 거래모델의 경우에는 가격의 절대액이 크게 오르기 때문이다. 그뿐 아니다. 고객은 위기를 맞아 일감이 적어지면 그에 따라 비용지출도 더 줄어들기를 희망한다. 또 고객의 관점에서 보면 '쓴 만큼 내기' 모델은 고정비를 변동비로 전환시켜주는 효과가 있다. 이것 역시 어려운 때에는 고객들이 매우 바라는 바다.

'쓴 만큼 내기' 모델은 혁신적인 블록체인 기반 지불시스템의 도움을 받아 무척 효율적으로 운영할 수 있다. 이런 지불시스템은 또한 아주 적은 비용으로 소액결제(micro-payments)도 할 수 있도록 해준다. 예컨대 자동차에 e-지갑(e-wallet)을 장착하면, 주차나 유료도로 이용 같은 각종 서비스 요금을 자동으로 결제할 수 있을 것이다. 적은 액수가 이렇게 자동으로 지불되면, 아마도 그런 소액 거래에 대해서는 소비자들이 그렇게 민감하지 않을 확률이 높다. 그렇다면 그런 상황에서는 기업이 조금 더 수월하게 값을 올릴 수 있을 것이다.

간추림

동태적 가격책정 시스템은 인플레이션 시기에 가격조정을 수월하게 해준다. 경우에 따라 그런 시스템은 인플레이션 상황에 맞춰 확장되어야 한다.

다차원 가격시스템은 인플레이션 시기에 가격의 융통성을 높인다. 가격 구성요소의 각 변수는 특정 가격탄력성에 따라 각각 서로 다르게 조정될 수 있다. 유명한 독일의 반카드50을 가진 승객은 승차권값이 올라도 유효기간 동안에는 그 영향을 절반밖에 받지 않으며, 상당히 비싼 반카드100을 가지고 있으면 가격인상의 영향권에서 완전히 벗어난다.

고객이 지불해야 하는 가격이 자신의 성과에 달려 있으면, 그는 공급 회사의 가격인상에 크게 저항하지 않는다. 왜냐하면 고객은 그가 실제로 성과를 거둘 때만 변동가격을 내면 되기 때문이다.

기업이 둘 이상의 제품을 묶어 다발로 팔면, 한 제품의 값은 올리지 못하더라도 다른 제품을 더 많이 파는 방법을 써서 결과적으로는 더 높은 수익을 올릴 수 있다. 거꾸로 기업은 다발로 팔던 제품들을 따로따로 판매함으로써 주요 제품(main product)의 값을 낮게 유지하거나 또는 그것의 값을 올리지 않고 버틸 수 있다.

후리미엄은 인플레이션 시기에는 골칫거리가 될 수 있다. 왜냐하면 공짜 서비스와 프리미엄 서비스 사이의 가격차이가 더 벌어지기 때문이다. 그래서 기업은 무료 서비스와 유료 서비스가 각각 제공하는 고객가치의 차이를 면밀히 검토할 필요가 있다. 무료로 서비스를 제공하는 사이트는 인플레이션이 오면 더 강한 성장압박을 받는다. 더 많은 이용자를 필요로 하기 때문이다.

기업이 '쓴 만큼 내기' 모델을 활용하면, 전통적인 거래모델로는 피할 수 없는 가격의 절대액 인상을 하지 않아도 된다. 게다가 위기가 왔을 때는 일감이 줄어든 고객이 제품을 덜 쓰게 되고, 따라서 그의 지출도 줄어든다.

블록체인 기술을 바탕으로 한 소액 자동지불 시스템은 인플레이션을 극복하는 데 도움이 될 수 있다.

⑫

영업부서를 회사의 첨병으로

인플레이션은 영업부서의 임무에 중차대한 영향을 준다. 왜냐하면 가격조치를 시행하고 또 시장에서 관철시키는 일은 결국 영업사원의 몫이기 때문이다. 영업사원이 가격협상을 하는 모든 경우, 특히 B2B 거래에서는 대체로 이렇게 영업사원의 구실이 결정적이고, 흥정 끝에 에누리를 해주기 일쑤인 자동차 시장을 비롯한 많은 소비재 시장에서도 가격협상이 행해진다.

그러므로 인플레이션 시기에는 영업부서가 그야말로 '회사의 첨병'이 되어야 한다. 영업사원들의 경쟁력이 궁극적으로 성공 여부를 결정하니 말이다. 인플레이션 시기에 영업과 관련하여 우리가 먼저 논의하고 싶은 토픽은 가격과 거래조건에 대한 결정권한이다. 인플레이션이 아닌 정상적인 시기에 어느 연구자가 설문조사를 해보았더니 가격관리에 관한 근본적인 의사결정에 관여하는 구성원의 직급 비율은 다음과 같았다.[1]

- 경영진 89%
- 영업담당 임원 81%
- 주요 고객 담당 관리자 45%

그 결과를 보면, 평상시에도 전략적 가격관리는 대체로 상당히 집권화되어 있고 회사의 상층부에서 주요 의사결정을 하고 있다고 말할 수 있다. 영업사원의 협상권한이 크지 않기 때문에, 그는 통상 구체적인 거래와 관련된 (특히 할인과 관련해서) 비교적 좁은 범위 내에서만 의사결정을 할 수 있다.

물론 인플레이션 시기에는 중앙에서 엄격히 지침을 내리고 통제하는 것이 좋다. 그 까닭은 가격인상에 대한 고객의 저항이 더 거세지는 경향이 있고, 고객 쪽에서도 가격인상 수락여부를 회사의 더 높은 상층부에서 결정하기 때문이다. 이렇게 고객 쪽 의사결정이 더 높은 곳에서 이루어지면, 파는 쪽도 그에 걸맞은 권력의 이동이 있어야 한다. 이에 대해 어느 전문가는 이렇게 말했다.

"인플레이션 조건 아래서는 영업사원이 가격결정에 관여하면 안 된다."[2]

하지만 우리는 이 극단적인 의견에 동의하지 않는다. 몇 가지 이유 때문이다. 우선 영업사원에게 가격책정에 대한 권한이 전혀 없으면, 고객이 그를 얕잡아본다. 또 값을 되풀이해서 계속 올려야 하는 상황에서는 지나친 집권화가 사실상 불가능하다. 영업사원이 가격 또는 거래조건을 자주 바꿔야 하는데 그때마다 담당 임원이나 본사의 허가를 받아야 한다면, 그 과정은 시간만 잡아먹고 잘 기능하지도 않을 것이다.

그래서 우리는 다음과 같은 의견을 제시한다. 첫째, 목표가격의 설정과 그것의 실현에 관한 한, 실제로 강력한 중앙집권화와 중앙에 의

한 통제가 필요하다. 둘째, 그러나 현장에서 뛰는 영업사원들의 가격 책정 권한을 완전히 뺏으면 안 된다.

'가격'이 아니라 '가치'로 싸워라

인플레이션이 닥치면 영업부서는 지금까지 알지 못했던 심리적 도전에 부딪힌다. 지난 수십 년간 비교적 물가가 안정되었던 시절에는 영업부서의 주요 관심사가 판매량, 매출액 그리고 성장이었다. 물론 가격인상을 둘러싼 고객과의 힘든 협상도 있었다. 평균 인플레이션율을 잣대로 삼으면, 그 시절의 가격인상은 기껏해야 연평균 2~3%였고 그것도 1년에 1번만 값을 올렸다. 심지어 많은 시장에서는 그 반대현상도 있었다. 즉, 고객과 가격인하에 합의하는 것이다.

이렇게 함으로써 '생산성 향상'과 '규모의 경제 확대'로 공급 회사가 거둔 성과의 일부를 고객들에게 돌려주었다. 자동차 부품산업은 그 좋은 보기이고, 전자산업은 이런 경향이 더 강했다. 그래서 이 두 산업에서는 해마다 값이 떨어졌다.

지난 30년간 영업을 해온 영업의 달인조차 기본적으로 그가 아는 것은 이렇게 값이 안정되거나 떨어지는 세계다. 더 젊은 영업사원은 지난 10년 동안의 아주 낮은 물가상승률만 경험해보았을 것이다. 그래서 현재의 경영진과 영업인력은 인플레이션이라는 이 새로운 도전에 맞서는 데 있어서 자신들이 활용할 만한 체험과 노하우가 없다. 그들은 값을 1년에 1번 기껏해야 2~3% 올리거나 어떤 때는 연간할인을 해주는 것에 익숙해져 있다.

하지만 이제 그들은 1년에도 여러 차례 가격협상을 해야 하고, 연간 가격인상률의 합계는 지금까지의 인상률보다 몇 배 더 높을 것이다. 가격할인에 합의하던 시절은 까마득한 옛날로 느껴질 듯하다. 이런 상황에서 회사가 먼저 취해야 할 조치는 영업사원들이 새로운 도전에 대처할 수 있도록 그들을 무장시키는 것이다. 이를 위해서는 구체적인 훈련과 교육이 꼭 있어야 하며, 이런 교육훈련 프로그램은 여러 측면을 포괄해야 한다.

앞서 6장에서 고객가치와 그것에 관한 커뮤니케이션이 얼마나 중요한가를 지적했다. 가격인상의 성공여부는 상당 부분 영업사원이 얼마나 고객가치를 설득력 있게 잘 전달하고, 그리하여 회사의 가격결정력을 얼마만큼 높이느냐에 달려 있다. 그러나 단기적으로는 이런 조치를 취했다고 해서 기적 같은 일이 일어나지는 않을 것이다. 하지만 중장기적으로 보면 가격결정력의 강화는 필수다. 지몬-쿠허가 수행했던 많은 프로젝트를 통해 우리는 다음의 두 사실을 아주 여러 번 확인할 수 있었다.

1. 많은 영업사원들이 자사 제품이 뛰어난 고객가치를 준다는 확신을 갖고 있지 않았다.
2. 그 결과 그들은 그 뛰어난 고객가치를 효과적으로 전달하는 능

력이 약했다. 영업사원에 따라 판매에 대한 공헌마진이 크게 다른데, 이러한 커뮤니케이션 능력의 차이가 그 원인 중 하나다.

이러한 차이는 영업사원 각자가 상대하는 고객들의 면모가 서로 달라서 생기는 것이 아니다. 그것은 모든 영업팀에 '가격'을 내세우는 영업사원과 '가치'를 주무기로 삼는 영업사원이 있기 때문이다. 가격-영업사원들은 주로 값을 내세우며 영업을 하고, 그들이 고객들과 나누는 대화의 큰 부분은 할인과 거래조건에 관한 것이다. 반면에 가치-영업사원들은 고객설득 논리를 개발하고 시간을 배정할 때도 고객가치를 그 중심에 놓는다.

많은 프로젝트를 수행하면서 우리는 경영자들에게 가격-영업사원들을 체계적으로 가치-영업사원들로 바꾸라고 권장했다. 경영자들이 우리 말대로 하면, 대부분의 경우 고객사별 수익률이 크게 향상되었다. 그러나 이러한 변혁은 결코 간단하지 않으며 시간이 좀 걸린다. 인플레이션 시기에는 시간에 쫓기기 마련이므로 기업은 어떻게든 영업사원들을 더 가치지향적으로 바꾸기 위해 노력해야 한다.

이와 더불어 빠뜨릴 수 없는 것이 '정신력 강화'다. 인플레이션이 오면 고객들은 영업사원들에게 엄청난 압력을 가한다. 그들은 이것을 무조건 견뎌내야 한다. 그렇지 않아도 많은 영업사원이 고객과 가격에 대해 이야기하는 것을 두려워하는데, 이 두려움은 점점 더 심해질 것이다. 인플레이션 상황에서는 전체적인 영업조직의 문화를 바꿔야

12. 영업부서를 회사의 첨병으로

만 한다. 즉, 판매량 성장과 매출액 증진을 중시하는 풍토에서 가격
인상의 관철과 거래조건의 목표지향적 조종에 무게 중심을 두는 영업
문화로 탈바꿈해야 하는 것이다.

최고경영자는 영업부서의 정신무장을 위한 각종 작업에 적극적으
로 참여하는 것이 좋다. 그리고 전 세계적으로 인기를 끌고 있는 '명
상'도 영업사원들이 느끼는 육체적·정신적 스트레스를 줄이고 그들을
더 강하고 세련된 영업전문가로 거듭나게 하는 데 도움이 된다.

'돈 새는 곳'을 틀어막아라

우리가 가격인상에 대해 이야기할 때는 통상 정가, 즉 표시가격을
생각한다. 그러나 실제로 문제가 되는 것은 거래가격이다. 이것은 궁
극적으로 회사 계좌에 입금되는 금액이다. 표시가격과 이 실제 수령
가격 사이에 돈 새는 곳이 무척 많다. 가격협상은 대부분 이렇게 '돈
새는 곳'을 만들어내는 거래조건을 둘러싸고 행해진다. 이것들을 틀
어막는 것은 거래가격을 높이기 위한 아주 중요한 출발점이다.

〈그림 12-1〉은 슈퍼마켓에 납품하는 어느 소비재 회사의 사례다.
이 그림을 통해 우리는 표시가격과 실제 수령가격 사이에 얼마나 새
는 곳이 많은지 알 수 있다. 정가는 6유로인데 실제로 회사에 들어오
는 돈은 그것의 70%인 4.2유로밖에 안 된다. 기업은 인플레이션 극
복의 일환으로 이 '새는 곳' 하나하나를 공략해야 한다. 몇몇의 구멍

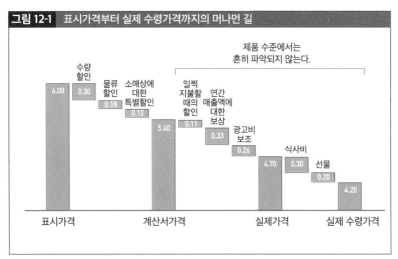

그림 12-1 표시가격부터 실제 수령가격까지의 머나먼 길

제품 수준에서는
흔히 파악되지 않는다.

수량
할인
6.00 0.30
물류 소매상에
할인 대한
0.18 특별할인
0.12 일찍
지불할 연간
때의 매출액에
5.40 할인 대한
0.11 보상
0.33 광고비
보조
0.26 식사비
4.70 0.30 선물
0.20
4.20

표시가격   계산서가격   실제가격   실제 수령가격

출처 : 지몬-쿠허

은 흔히 제품 수준에서는 파악되지 않는다. 따라서 새는 곳을 제대로
알아내서 틀어막으려면 우선 상세한 정보가 있어야 한다. 이런 정보
는 기업이 어차피 갖추어야 하지만, 인플레이션 시기에는 그것의 중
요성이 한결 더 커진다.

또 다른 성격의 '돈 새는 곳' 분석은 할인공여 결정의 책임소재를 투
명하게 한다는 점에서 의미가 있다. '누구의 결정으로' 구체적으로 어
떤 곳에서 얼마만큼 돈이 새고 있는가? 공헌마진이 어디에서 많이 사
라지는가?

〈그림 12-2〉는 미국의 어느 산업재 회사에서 각 직급의 경영자들
이 시장에서 얼마만큼 할인판매를 허락해주고 있는가를 보여준다. 이
회사의 경우 '지역담당 영업본부장'과 '전국영업 총책'이라는 두 직급

12 영업부서를 회사의 첨병으로

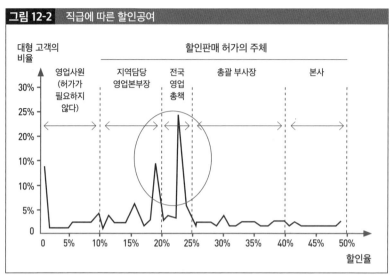

그림 12-2 직급에 따른 할인공여

출처 : 지몬-쿠허

에서 집중적으로 할인을 해주고 있다. 따라서 회사의 실제 수령가격을 높이려면 우선 이 두 군데를 손볼 필요가 있다. 반면 영업사원들에게는 압력을 더 넣어봐야 별 효과가 없을 것이다. 그들은 이미 좀처럼 할인을 해주지 않고 있기 때문이다.

이렇게 '돈 새는 곳'을 꼼꼼히 분석해봐야만 회사는 궁극적인 거래가격을 높이기 위해 어디서부터 손을 대야 할지 알 수 있다. 경영자는 얼핏 보기에 사소한 듯한 이런 것들을, 경기가 좋을 때는 쉽게 간과하거나 또는 너그럽게 처리한다. 그러나 인플레이션 상황에서는 더 이상 그렇게 할 수 없다.

인센티브도 인플레이션 상황에 맞게

일반적으로 말해 영업에서는 인센티브가 매우 중요하다. 인센티브 제도는 순전히 매출액 지향적인 것부터 시작해서 혼합형을 거쳐 고정급여에 이르기까지 그 형태가 다양하다. 이익 또는 공헌마진을 바탕으로 하는 영업 인센티브는 아직도 예외적이다.

평상시에 지속적으로 유지되는 인센티브 제도는 가끔 '영업경진대회' 같은 일시적인 행사 또는 조치로 보완되기도 한다. 또 판매량, 가격, 판매제품들의 구성 또는 이것들과 비슷한 것에 대해 목표를 부여하는 일도 역시 널리 행해지고 있다. 한 기업의 지금까지의 인센티브 제도가 어떻든 간에, 인플레이션 조건 아래서는 현재의 제도를 보완하거나 수정하는 방안에 대해 깊이 생각해보는 것이 바람직하며, 경우에 따라 꼭 그렇게 해야 한다. 이러한 보완·수정은 실무적으로 다음과 같이 여러 다른 방향으로 생각해볼 수 있다.

1. 가격인상 목표를 제시한다. 처음 부르는 값을 얼마로 해야 한다는 목표, 즉 최초가격 목표도 설정한다.
2. 가격인상을 유도하기 위한 인센티브를 마련한다.
3. 좋은 거래조건, 특히 유리한 지불조건을 끌어내도록 유도하기 위한 인센티브를 마련한다.
4. 시장세분화와 가격차별화를 위한 지침을 만든다.

경영진은 원가·고객·경쟁사에 관한 정보를 바탕으로 가격조정을 얼마만큼 해야 한다는 구체적인 목표를 정할 수 있다. 만일 경영진이 개별고객 또는 고객집단의 지불용의가격에 관한 믿을 만한 정보를 갖고 있다면, 영업부서에 특정 고객별로 또는 특정 고객집단별로 목표를 정해주는 것이 의미가 있다.

하지만 이러한 위로부터의 목표하달은 양날의 칼이 될 수 있다. 예컨대 최저 가격인상 목표가 5%로 정해지면, (우리의 여러 프로젝트 경험에 따르면) 어쩌면 더 올릴 수 있었음에도 불구하고 딱 5% 인상에 그치는 경우가 매우 많다. 이러한 단점은 가격인상률에 비례해서 인센티브를 주는 등의 방법으로 극복할 수 있다. 만일 개별 영업사원이 각 고객의 지불용의가격을 더 잘 헤아릴 수 있다면, 그에게 가격인상률에 비례해서 인센티브를 주거나 심지어는 비례 이상으로 지급하는 것도 괜찮다.

비슷한 방식으로, 경영자는 목표를 제시하거나 인센티브를 주어서 영업사원들이 '돈 새는 곳'을 줄이는 방향으로 거래조건을 끌어내도록 유도할 수 있다. 특히 인플레이션 상황에서는 유리한 지불조건으로 거래를 마무리하도록 영업사원들을 유도하는 것이 필요하므로, 지불조건 목표의 중요성이 크다. 영업부서는 가능하면 빨리 현금이 입금되도록 더욱더 힘을 기울여야 한다. 이로써 영업부서는 회사 현금관리의 중요한 지원세력이 된다. 너그러운 지불조건으로 영업이 도움을 받거나 또는 값을 깎아달라는 고객의 요구를 누그러뜨릴 수 있었던 시절은 지나갔다. 인플레이션이 닥치면 그럴 여유가 없기 때문이다.

목표설정과 협상의 중요한 한 측면은, 처음 부르는 값과 실제로 받는 가격의 괴리이다. 우리가 연구한 바에 따르면, 이 둘의 차이는 점점 더 커지고 있다. 즉, 파는 쪽이 가격을 관철시키는 비율은 지난 몇 년 동안 떨어졌다. 지몬-쿠허의 설문조사 결과에 따르면, 이전에는 그것이 50% 정도였는데 최근에는 33%에 지나지 않는다.[3] 그렇다면 5% 인상을 얻어내기 위하여 처음에 15% 인상을 불러야 한다는 말이 된다.

이러한 차이를 철저히 파헤친 여러 프로젝트를 해본 경험을 바탕으로 우리는 이 설문조사 결과가 지나치게 비관적이라고 본다. 여기서 우리가 말하는 "가격인상을 관철시키는 비율"은 파는 쪽이 처음 요구한 인상률의 몇%를 관철시키는가를 가리킨다.

우리는 이 비율을 50% 정도로 보며, 아마도 이 수치가 현실을 더 잘 반영하리라고 생각한다. 물론 처음에 부른 값과 나중에 합의한 가격의 차이는 (개별 거래에 따라) 편차가 무척 심하다. 우리가 앞의 11장에서 논의한 '묶음가격 풀기', '추가요금 청구' 등의 전술적 가격조치도 그것들을 실천에 옮기는 것은 결국 영업부서의 몫이다.

시장세분화로 차등적 가격인상의 기준을

앞의 10장에서 우리는 인플레이션 시기에 시장세분화와 가격차별화가 꽤 큰 구실을 할 수 있음을 역설하였다. 소비재의 경우보다 B2B 시장에서 이 두 개념이 더 효과적으로 활용될 수 있다. 먼저 이런 질

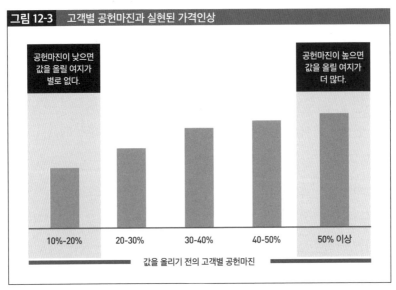

그림 12-3 고객별 공헌마진과 실현된 가격인상

공헌마진이 낮으면
값을 올릴 여지가
별로 없다.

공헌마진이 높으면
값을 올릴 여지가
더 많다.

| 10%-20% | 20-30% | 30-40% | 40-50% | 50% 이상 |

값을 올리기 전의 고객별 공헌마진

출처 : 지몬-쿠허, 2021년

문을 던져보자.

"기업이 값을 올릴 때 어떤 기준에 따라 인상률을 달리해야 하나?"

우리는 그러한 기준의 한 보기로, '고객들의 지금까지의 공헌마진'을 세분화 기준으로 쓰기로 한다. 〈그림 12-3〉의 수평축은 지금까지 이 회사가 고객들에게서 얻어낸 공헌마진이다. 수직축은 실현된 가격인상률을 보여준다. 그림에서 보다시피, "지금까지의 공헌마진"과 "실현된 가격인상률" 사이에는 상당한 플러스 상관관계가 있다. 이것은 그리 놀랄 만한 결과는 아니다. 왜냐하면 지금까지의 높은 공헌마진은, 그 고객들이 공헌마진이 낮은 고객들보다 해당 제품을 더 높이 평가하고 따라서 그것에 대한 지불의향가격도 더 높음을 나타내기 때문이다. 이러한 분석을 바탕으로 회사는 영업부서에 명확한 가격협상 지침을 내려보낼 수 있다.

또한 지역, 시간, 구매량처럼 시장세분화와 가격차별화를 위해 흔히 채택되는 기준들도 회사가 검토해야 함은 말할 것도 없다. 예를 들어, 세계적인 타이어 회사 콘티넨탈(Continental)은 이렇게 말한다. "우리는 지역별 사정에 따라 개별적으로 가격조정 결정을 내립니다."[4]

특정 고객에 대한 가격결정력

부품산업처럼 소수의 고객만 상대하는 업종에서는 고객별로 우리 회사의 가격결정력의 현주소를 알게 해주는 이른바 '가격결정력 프로필'을 만들어보는 것이 좋다. 〈그림 12-4〉는 공급 회사가 여러 개 있는 어느 시장에서의 가격결정력 프로필의 한 사례다.

공급 회사의 여러 특징과 더불어 그 회사의 가격결정력에 영향을 준다고 생각되는 고객의 특징들도 함께 고려한다. 5점 척도는 경쟁사와 대비한 평가를 나타낸다. 이 그림에 있는 공급 회사는 '고객관계의 지속기간'이나 제품의 품질, 명성 등의 부문에서 경쟁사보다 높은 평가를 받고 있다. 또 이 회사의 공급물량 비중(delivery share)도 경쟁사보다는 조금 높다. 반면에 융통성과 서비스는 이 회사의 약점이다. 전체적으로 이 회사의 성취 프로필(performance profile)은 3.3이므로 경쟁사보다 약간 우세하다고 볼 수 있다.

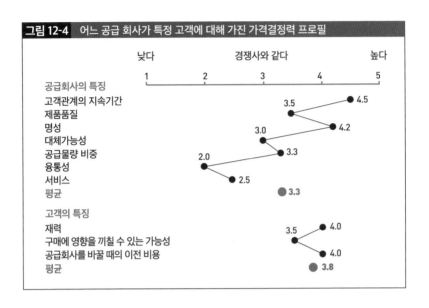

그림 12-4 어느 공급 회사가 특정 고객에 대해 가진 가격결정력 프로필

가격결정력에 역시 영향을 준다고 볼 수 있는 몇몇 고객 특징의 평균은 3.8이므로 중간보다 꽤 오른쪽에 있다. 이 고객은 재력과 '공급회사를 바꿀 때의 높은 이전비용' 때문에 가격에 그다지 민감하지 않을 것으로 평가되고 있다. 구매에 영향을 끼칠 가능성도 평균보다 높으므로, 가격인상을 관철시킬 가능성도 높을 것으로 전망된다. 전체적으로 보면 이 고객이 그림에 있는 공급 회사의 가격조정을 받아들일 확률은 평균보다 높을 것이다.

이러한 가격결정력 분석은 〈그림 8-2〉의 구텐베르크 함수로 보완할 수 있다. 예를 들어, 경영자는 회사가 절대로 넘으면 안 되는 가격문턱의 위치가 아주 궁금한데, 구텐베르크 함수를 추정할 수 있으면 그 의문이 풀릴 것이다. 회사가 시장세분화를 해보는 목적의 하나는 이익을 못 내는 고객들과의 관계를 청산하는 것이다. 가격인상을 받아들이지 않고 그래서 우리의 수익률 목표를 위험에 빠뜨리는 고객들은 엄격한 기준에 따라 솎아내야 한다. 그러나 이런 과정에서 영업부서와 갈등을 빚을 가능성은 늘 있게 마련이다. 이럴 경우에는 회사의 경영진이 신중하게 접근하여 조용히 문제를 해결해야 한다.

영업통제는 더 세세하고 더 신속하게

인플레이션 시기에는 영업통제가 더 세부적으로, 그리고 무엇보다 더 신속하게 행해져야 한다. 가장 먼저 언급해야 할 것은 실현된 가격인상의 실제 시행 여부를 감시하고 이익이 새는 곳을 틀어막는 일이다.

현장에서 회사가 실제로 받고 있는 거래가격은 얼마인가? 어떻게 하면 할인을 줄이고 지불조건을 개선할 수 있을까? 이런 분석은 뭉뚱 그려 하면 안 되고, 제품·고객·세분시장·유통경로 그리고 지역별로 행해져야 한다. 성공한 가격인상과 실패한 가격인상의 책임소재를 투명하게 하는 것도 영업통제의 주요 과제의 하나다. '주문을 못 받은 이유 분석'은 회사에 알차고 유익한 시사점을 줄 수 있음에도 불구하고 문제가 많은 정보 원천이다. 어떤 고객들이 우리 회사를 선택하지 않았고 그 까닭은 무엇인가? 주문을 받는 데 실패할 때 가격은 거의 언제나 중심적인 구실을 한다. 어느 시설재 회사의 경우, "값이 너무 비싸다."가 실패요인의 압도적 1위였다(69%).[5]

이러한 인터뷰 조사결과가 과연 늘 현실을 잘 반영하는지는 의심스럽다. 어차피 너무 비싼 가격 또는 가격인상은 영업사원들이 실패요인으로 늘 내세우는 것이고, 그들은 그런 이유로 거래가 성사되지 않았다고 해서 질책당하지는 않는다. 그럼에도 불구하고 회사는 주문을 못 받은 이유를 면밀히 분석함으로써 인플레이션이 지속되는 상황에서 어떻게 해야 할 것인가에 관한 귀중한 시사점을 얻을 수 있다.

간추림

갑작스런 그리고 급격한 인플레이션으로 말미암아 전 세계 기업들의 영업부서는 독특한 도전에 부딪히게 되었다. 우리가 이 장에서 논의한 내용의 정수는 아래와 같다.

영업부서는 인플레이션 문제를 극복하는 데 있어서 중심적인 구실을 한다. 왜냐하면 회사의 가격인상을 고객들이 받아들이는가 여부는 결국 영업사원들의 정성과 설득 노력에 달려 있기 때문이다.

인플레이션 시기에는 가격관리와 영업관리를 더 강력히 중앙집권화해야 하며, 이 두 분야의 회사 안에서의 위상도 올라가야 한다. 최고경영자는 영업부서에 더 관심을 기울이고 더 힘을 실어줘야 한다.

중앙집권화에도 불구하고 영업사원들은 현장에서 충분한 결정권한을 행사할 수 있어야 한다. 그들은 회사와 지나치게 마찰을 빚지 않으면서 더 자주 고객과 협상하고 더 자주 가격조정을 하는 힘든 과제를 해내야 하기 때문이다. 현재 영업부서를 이끌어가는 임원들과 영업사원들은 높은 인플레이션율을 경험해본 적이 없다. 회사는 교육훈련과 정신력 강화로 영업부서의 문화를 바꾸어야 한다.

공개적인 가격인상과 더불어 마진을 갉아먹는 '돈 새는 곳'을 틀어막는 것도 똑같이 중요하다. 궁극적으로 영업부서의 실적은 '실제 수령가격'으로 측정해야 한다. 또 영업부서는 지불조건을 이익지향적으로 조종함으로써 인플레이션에 적응해야 하는 회사의 현금관리에 도움을 주어야 한다.

회사는 영업부서의 목표와 인센티브를 인플레이션 상황에 맞게 조정해야 한다. 이 과정에서 경영진과 영업사원들이 가진 정보의 양과 질이 고려되어야 한다. 더 나은 정보로 무장된 쪽이 아무래도 협상에서 더 큰 영향력을 행사하게 될 것이다.

경영진이 고객들의 지불용의가격에 관해 더 나은 정보를 갖고 있으면, 본사에서 가격인상 목표를 정할 수 있다. 만일 영업사원이 각 고객의 지불용의가격을 더 잘 헤아릴 수 있으면, 그가 관철하는 가격인상에 대해서는 그에 걸맞은 충분한 인센티브를 그에게 지급해야 한다.

인플레이션 시기에는 고객세분화와 그에 바탕을 둔 가격차별화를 더 뚜렷하게 해야 한다. 이것은 가격인상에 저항하고 그래서 더 이상 이익을 못 내는 고객들과 헤어져야 함을 뜻할 수 있다. 영업부서가 이에 반대해서 갈등이 일어날 가능성은 언제나 있다.

⑬

인플레이션과 재무관리

인플레이션은 가격책정, 마케팅, 영업 같은 시장 쪽 기능에만 영향을 미치는 것이 아니다. 그것은 재무, 공급망, 원가관리 같은 내부 기능에 대한 요구사항도 달라지게 한다. 이런 여러 기능 가운데 가장 크게 영향을 받는 분야는 재무관리다. 그런 만큼 인플레이션의 영향에 맞서는 데 있어 최고재무관리자(Chief Financial Officer, CFO)의 구실은 막중하다 하지 않을 수 없다.

재무관리의 새로운 과제

인플레이션율이 높다는 것은 돈의 가치가 시간이 갈수록 더 빨리 감소함을 뜻한다. 그 결과 단기적으로는 현금관리(cash management)가 영향을 받고, 장기적으로는 기업의 자금조달과 투자의 실질적인 이득도 인플레이션에서 자유로울 수 없다. 현금흐름은 대체로 각각 다른 시점에서 발생한다. 그래서 기업은 현금흐름을 현재 시점으로 할인하는 방법으로 (현금흐름의) 현재 가치를 파악한다. 이렇게 산정된 현금흐름의 현재 가치를 경영학에서는 할인현금흐름이라고 부른다.

DCF를 산정할 때는 이때 적용하는 할인률, 즉 이자율이 중심적인 구실을 한다. 이것은 "시장에서 실현할 수 있는 비슷한 투자의 수익률"을 나타내며, 보통 '자본비용'이라고 일컫는다. 이것이 바로 이른바 '가중평균 자본비용(weighted average cost of capital, WACC)'이라고 부르는 것이다. 이자율의 형태를 띤 이 자본비용에는 앞으로 기대되는 인플레이션율이 반영된다. 바꿔 말하면, 물가상승률이 높을수록 더 높은 이자율이 적용된다.

역사적으로 이 이자율이 어떻게 달라졌는가를 잠깐 살펴보자. 1970년대에는 할인현금흐름을 계산할 때, 이자율은 늘 10%였다. 당시에는 주택담보대출 금리(mortgage rate)가 12%였고, 독일의 경우 국채 금리가 9%였다. 반면에 물가가 안정되었던 1980년대 이후 최근까지는 이자율이 마이너스(독일 국채)와 1%(주택담보대출 금리) 사이를 오갔다. 그러던 것이 인플레이션이 들이닥치자, 미국의 주택담보대출 금리가 순식간에 급격히 올랐다. 어느 전문가는 "주택담보대출 금리가 이렇게 빨리 오르는 것을 본 적이 없다."[1]고 말할 정도다.

이렇게 인플레이션이 기승을 부리고 그 결과 금리가 오르면, 기업의 재무관리도 심각한 변화를 겪게 된다. 이 말이 무슨 뜻인가? 구체적인 수치가 있는 단기 현금관리와 장기투자를 보기로 들어 설명하고자 한다.

채권회수는 최대한 빠르게

어느 회사가 1,000억 원어치 제품을 고객에게 팔았다고 하자. 이 금액이 즉시 결제되면, 이 회사는 당장 쓸 수 있는 돈 1,000억 원을 확보하게 된다. 이런 경우에는 이자율이 아무런 의미가 없다. 하지만 고객이 합의에 의해 대금을 나중에 지불하는 경우, 우리는 이자율이 2%인 때와 10%인 때를 비교해보기로 한다. 〈그림 13-1〉은 판매대금이 즉각 지불되지 않고 1개월, 2개월, … 12개월 후에 입금될 경우에 이 회사가 (인플레이션 효과를 제거하고) 실제로 받는 돈의 가치를 보여주고 있다.

금리가 2%이면, 이 회사는 6개월 후에 판매대금 가치의 0.99%를 잃는다. 1년 후면 벌써 1.96%를 상실한다. 매출액의 절대액이 1,000억 원이면, 실제 가치상실이 9억 9,000만 원 또는 19억 6,000만 원이므로 결코 적은 돈이 아니다.

비료, 씨앗, 시설재, 공작기계 등의 업종에서는 이런 지불조건이 매우 흔한 편이다. 이렇게 금리와 물가상승률이 낮다고 하더라도 채권은 빨리 회수하는 것이 좋다. 그렇다면 금리와 인플레이션율이 높을 때는 더더욱 빨리 채권을 회수하기 위해 기업이 훨씬 더 많은 노력을 기울여야 한다. 우리가 〈그림 13-1〉에서 이자율이 10%인 경우를 보면, 이 사실이 더욱 가슴에 와닿는다.

금리가 10%인데 외상대금을 6개월 후에 받으면, 실제로 받는 돈이 46억 5,000만 원이나 적어진다. 1년 늦게 받으면 가치손실이 무려 90억 9,000만 원에 달한다. 전 세계 대다수의 기업들이 큰 이익을 내지

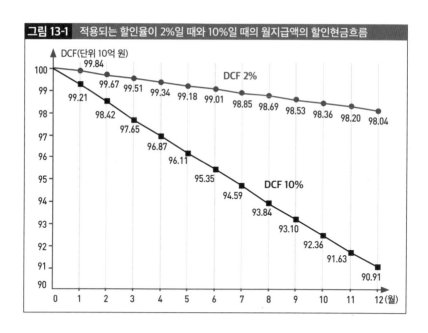

그림 13-1 적용되는 할인율이 2%일 때와 10%일 때의 월지급액의 할인현금흐름

못하고 있는 현실을 생각하면, 이런 손실은 어떻게 해서든지 피해야 할 것이다. 높은 인플레이션율과 이자율로 말미암아 단기적 현금관리는 엄청난 중요성을 띠게 되었다. 기업은 외상매출금 지불기한을 줄이고 채권을 빨리 효과적으로 회수하기 위해 할 수 있는 모든 일을 해야 한다.

이를 위해 고객들에게 인센티브를 주는 것도 괜찮다. 예를 들어, 과거에 인플레이션율이 높을 때는 이른바 현금할인(cash discounts)이 흔했고 물가가 안정되었던 지난 몇 년 동안은 그것이 대부분 자취를 감추었다. 하지만 인플레이션 상황에서는 이런 인센티브를 다시 도입해볼 만하다. 인플레이션이 지속되고 금리가 치솟을 때는, 고객들이 빨리 결제해주는(예컨대 2주 안에 지불한다는 식) 대가로 2~3% 정도 깎아주는 편이 더 낫다.

회사의 가격결정력이 약하거나 또는 경쟁이 치열해서 지불기한을 길게 해줄 수밖에 없으면, 경영자는 인플레이션으로 인한 가치상실을 계산에 넣어야 한다. 그런데 이렇게 인플레이션을 감안해 결국은 값을 올릴 수밖에 없다고 결론을 내렸는데, 회사의 가격결정력이 약하면 가격인상을 관철시키기가 쉽지 않을 것이다. 여기서도 우리는 가격결정력의 중요성을 또 한 번 느끼게 된다.

우리는 유럽의 어느 대형 금속가공 회사의 프로젝트를 수행한 적이 있는데, 이 회사는 인플레이션 문제를 슬기롭게 다루고 있었다. 물가가 지속적으로 오르는 상황에서 이 회사는 가장 중요한 금속인 구리를 미리 사 놓아야 했기 때문에, 2021년에 현금흐름이 마이너스였다. 2021년부터 구리의 구입가격이 여러 갑절 올랐을 때, 이 회사는 몇 달 사이에 갖고 있던 7억 5,000만 유로가 넘는 유동성 자산 전부를 구입했던 재고물량의 값을 지불하느라 다 써버리고 말았다.

이 회사의 고객들은 그때까지 제품을 받고 나서 6주 후에 대금을 지불했다. 2022년 초에 이 회사는 정책을 바꿔서 고객이 주문하는 시점에 대금을 지불하도록 했다. 즉, 고객들은 이제 회사가 주문 물량을 넘겨주고 나서 6주가 아니라 제품을 받기 4주 전에 구입대금을 주어야 하는 것이다. 이 시장에서는 공급물량의 인도가 원활하지 않았으므로 이 회사는 이런 정책 전환을 관철시킬 수 있을 만큼의 충분한 가격결정력이 있었다. 이제 현금흐름이 10주나 더 일찍 발생하므로 인플레이션 압박은 한결 더 약해진다. WACC가 8%라고 하면, 약 1,200만 유로의 자금조달 비용이 절약된다. 그뿐 아니라 신용평가 회사들은 이 회사의 신용등급을 올릴 예정이라고 한다.

채권을 빨리 회수하는 것은 동전의 한 면이다. 그러면 돈의 값어치가 계속 떨어지는 상황에서 기업은 거두어들인 자금을 어떻게 처리해야 하는가? 앞서 설명했듯이 인플레이션은 돈이 '가치보관'의 기능을 상실함을 뜻한다.[2]

어쨌든 돈을 이자가 발생하지 않는 상태로 놓아두는 것은 현명한 처사가 아니다. 왜냐하면 회사가 돈의 가치상실분을 고스란히 흡수해야 하기 때문이다. 회사가 자금을 (최소한 인플레이션 효과를 상쇄하는 정도의 이자를 지급하는) 단기상품에 투자할 수 없으면, 그것을 인플레이션 시기에 값어치가 올라가는 상품 또는 다른 자산에 묶어두어야 한다. 그러면 재고가 늘어날 수 있으므로 당연히 그에 따르는 추가비용도 계산에 넣어야 할 것이다. 타이어 회사 콘티넨탈은 재고자산을 재평가해보니 장부상으로 자산가치가 2억 유로 늘었다고 공고한 바 있다. 이 효과는 영업이익 마진을 14%에서 17%로 올렸다.[3]

값어치가 오르는 제품을 재고로 갖고 있는 회사는 인플레이션의 혜택을 입는다. 우리는 2장에서 소비자들의 금을 통한 자산보호 전략을 언급했고, 일부 소비자들은 암호화폐가 자산보호의 수단이 될 수 있다고 믿는 듯하다고 말했다. 이제는 기업도 이런 다양한 자산보호 수단에 더욱 관심을 기울일 필요가 있다.

장기투자와 자금조달

　인플레이션율과 이자율이 장기 프로젝트에 미치는 영향은 훨씬 더 심각하다. 이를 알아보기 위해 우리는 10년 동안 매년 1,000억 원의 현금흐름을 발생시키는 어느 투자 프로젝트를 검토한다. 〈그림 13-2〉는 이자율이 5%인 경우와 10%인 경우의 할인현금흐름을 보여준다. 금리가 5%이면 마지막 해에 614억 원의 DCF가 생긴다. 그러나 이자율이 10%이면 이것이 386억 원으로 줄어든다. 10년 동안의 DCF의 합계는 7,722억 원 그리고 6,145억 원이다. 그 차이는 무려 1,577억 원에 달한다. 할인율이 5%이면 7,722억 원까지 투자해도 (투자의) 순현재가치(net present value)는 0보다 크고, 10%로 할인하면 양수의 순현재가치를 얻을 수 있는 최대 투자액은 6,145억 원이다.

　이러한 분석은 장기계약과 그에 따르는 현금흐름 구조에도 똑같이 적용해볼 수 있다. 앞에서도 몇 번 언급한 대표적인 히든챔피언 기업 에네르콘은 풍력에너지 설비 회사로서 유명한 서비스 프로그램 EPK를 운영하고 있다. 에네르콘은 이 프로그램을 통해 고객들에게 12년간 포괄적인 서비스를 제공해주고 97%의 가동률을 보장한다. 그런데 에네르콘은 12년의 계약기간 중 첫 6년간은 서비스 가격의 절반을 스스로 부담한다. 인플레이션 상황에서는 이것은 권장할 만한 모델이 아니다. 왜냐하면 현금흐름의 발생이 꽤 지연되고 그만큼 DCF의 값어치가 크게 떨어지기 때문이다. 높은 인플레이션율과 이자율은 장기적으로 기업의 자금조달과 투자에 결정적인 영향을 미칠 수 있다.

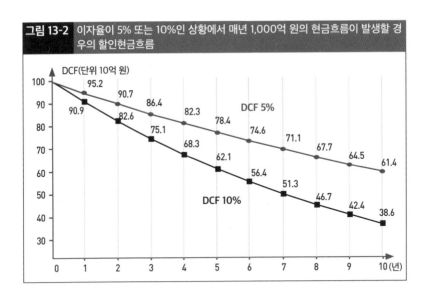

그림 13-2 이자율이 5% 또는 10%인 상황에서 매년 1,000억 원의 현금흐름이 발생할 경우의 할인현금흐름

경제이익의 도전

4장에서 우리는 경제이익(Economic Profit, EP)을 "한 회사가 자본의 기회비용을 넘어서 얻는 이익"이라고 정의했다. 그리고 이것이야말로 "기업이 얼마나 성공했는가를 재는 더 까다로운 잣대"라고 표현한 바 있다. 즉 경제이익은 총자산수익률과 총자본비용률의 차이를 그 회사에 묶여 있는 총자본(total capital, TC, 업계에서 말하는 총자산)과 곱한 수치다. 이것을 수식으로 표현하면 다음과 같다.

[수식 13-1]   EP = TC × (총자산수익률 - WACC)

경제이익을 산정할 때는 투자자가 요구하는 '위험이 반영된(risk-adjusted) 최소수익률'이 중심적인 구실을 한다. 그래서 투자자의 관점에서는 '가중평균 자본비용', 즉 WACC라는 변수가 중요하다. WACC의 정의는 아래와 같다.

[수식 13-2]

$$WACC = e(EC \div TC) + f(1 - s)(BC \div TC)$$

여기서 EC(equity capital), BC(borrowed capital) 그리고 TC는 각각 자기자본·타인자본·총자본의 (장부가치가 아닌) 시장가격을 가리킨다.

e = 자기자본을 제공한 투자자가 요구하는 수익률

f = 타인자본을 제공한 투자자가 요구하는 이자율

s = 법인세율

타인자본비용은 세액공제 대상이므로 〈수식 13-2〉에서는 f 대신 법인세율을 뺀 f(1 - s)가 적용된다. 이 공식에서 자기자본 투자자가 요구하는 수익률, 즉 변수 e는 매우 중요한 위치를 차지하고 있다. 이 변수는 자본자산 가격결정 모델(Capital Asset Pricing Model, CAPM)에 따라 산정되는데, 위험이 없는 곳에 투자했을 경우의 수익률에 '위험 프리미엄(risk premium)'을 더한 수치이다. 즉 e에는 투자자가 이익을 내려고 할 때 떠안아야 하는 각종 위험이 반영되어 있는 것이다.

경제이익 개념을 업계에서는 흔히 경제적 부가가치(Economic Value

Added, EVA)란 말로 바꿔서 쓴다. 이 말은 컨설팅 회사 스턴 스튜어트(Stern Stewart)가 퍼뜨렸는데, 세계의 많은 회사들이 사업영역을 평가하고 관리하기 위해 이 EVA 개념을 쓰고 있다.

또 여러 세계적인 비공개 기업(private company, unlisted company)에서도 경제이익은 중심적인 구실을 한다. 예를 들어, 1,100억 달러의 매출액을 자랑하는 세계 최대의 가족기업 코흐 인더스트리스(Koch Industries)의 최고경영자 찰스 코흐(Charles G. Koch)는 "자본의 기회비용"을 자신의 기업그룹의 중심적인 통제변수로 여기고 있다.[4]

요즘은 인터넷 검색만으로 각 기업의 WACC를 쉽게 찾을 수 있다. 2020년 초에 미국·중국·일본의 몇몇 주요 회사 WACC는 다음과 같았다.

- 미국 : 애플 8.39% / IBM 7.95% / 엑손 모빌 7.7%
- 중국 : 알리바바 13.35%
- 일본 : 소니 5.34% / 토요타 2.12%

대체로 중국 회사들의 WACC가 상대적으로 높고, 일본 회사들은 한결 낮은 것으로 보인다. 또 WACC는 사업부마다 다를 수 있다. 독일의 대표적인 자동차 회사 다임러는 전통적인 자동차 사업에는 8%를 WACC로 쓰고 있다. 그러나 새로 시작한 파이낸셜 서비스 모빌리티(Financial Services Mobility)란 회사는 위험이 더 크므로 이 회사에 대해서는 15%를 WACC로 적용하고 있다. 그리고 나라에 따라 WACC

가 다를 수 있음은 말할 것도 없다. 의료용 소프트웨어를 제공하는 독일 회사 콤푸그룹 메디컬 S. E.(CompuGroup Medical S. E.)가 쓰고 있는 WACC는 나라에 따라 아래와 같이 다르다.

- 독일 : 6.1%
- 폴란드 : 7%
- 튀르키예 : 8.7%

이 수치들은 각 나라의 위험을 반영하고 있다고 봐야 할 것이다.

그러면 인플레이션은 경제이익에 어떤 영향을 끼치는가? 인플레이션이 오면 이자율이 오르고, 따라서 자본비용도 불가피하게 오른다. 또 물가상승률이 높으면 투자자들이 위험을 더 크게 느낄지도 모른다. 그러면 그들은 당연히 더 높은 '위험 프리미엄'을 요구할 것이다. 더 높은 자본비용과 더 높은 위험 프리미엄이라는 이 두 요인은 WACC를 끌어올리기 마련이므로, 인플레이션 시기에는 경제이익을 내기가 훨씬 더 힘들어진다.

'숨은 유보금'을 만들어라

4장에서 '가공이익'의 개념을 간단히 언급했고, 이와 관련된 과세의 문제점을 지적한 바 있다. 가공이익은 손익계산을 할 때 대체로 대체

비용(cost of replacement)보다 낮은 취득원가(historical costs)만이 적용되기 때문에 발생한다. 이 둘의 차이는 인플레이션이 더 심해지고 더 오래갈수록 더 벌어진다.

소모품의 경우에는 구입가격이 재구매가격보다 더 낮을 때 가공이익이 생긴다. 이때는 인플레이션율과 더불어 재고로 있는 기간도 가공이익의 액수에 영향을 미친다. 가공이익이 훨씬 더 심각하게 문제가 되는 것은 여러 해에 걸쳐 사용되는 자본재의 경우이다. 인플레이션율이 높으면 구입가격과 다시 구매할 때의 비용 사이에 큰 괴리가 생긴다. 물가상승률이 무척 높았던 1970년대에는 이 문제를 다룬 문헌이 상당히 많았다. 빌리 콜리(Willi Kolli)는 이 문제를 가장 철저히 파헤친 학자인데, 그는 1,000개 이상의 자료 원천을 참고했고 47개 독일 회사의 가공이익 문제를 실증적으로 연구했다.[5]

이 문제의 예시를 위해 어느 회사의 연간매출액이 100억 원이고 세전이익이 10억 원이라고 가정하자. 이 회사가 50억 원을 들여 구입한 기계류는 5년에 걸쳐 감가상각 되고, 이 기간이 끝나면 한꺼번에 대체된다. 그래서 감가상각비는 매년 10억 원에 달한다. 5년 동안 매출액과 명목이익은 달라지지 않으며, 각각 100억 원 그리고 10억 원이다. 이럴 때 인플레이션율이 10%이고, 그 결과 기계류의 값이 매년 10%씩 오른다고 하자. 그러면 5년 후에 새 기계류로 대체할 때의 원가는 50억 원이 아니라 50억 원 $\times$ $(1.10)^5$ = 80억 5,000만 원이다. 이때의 차액 30억 5,000만 원을 우리는 가공이익이라고 부르며, 이것에는 세금이 부과된다. 법인세율이 25%이면, 이 회사는 7억 6,250만 원을 세금으로 '억울하게 더 낸' 셈이다. 그래서 회사가 새 기계류의 장만을 위해 자금조달을 할 때, 이 금액만큼 구멍이 난다.

같은 이야기를 다른 방식으로 표현해보자. 인플레이션의 영향으로 이 회사의 실질이익은 해마다 10%씩 줄어든다. 그래서 5년이 지나면 명목이익은 그대로 10억 원이지만 실질이익은 6억 2,000만 원에 지나지 않는다. 재구매 비용을 조달하려면 회사는 5년 차에 감가상각이 허용되는 10억 원이 아닌 16억 2,000만 원에 대해 감가상각을 해야 한다.

이 회사가 인플레이션이 없을 때와 똑같은 실질이익, 즉 같은 구매력을 지닌 이익을 거두려면 세금혜택을 받는 감가상각비를 5년에 걸쳐 30억 5,000만 원이나 올려야 한다. 세금은 명목이익에 대해 부과된다. 따라서 가공이익이 생기면 회사에는 그것에 해당하는 실질적인 가치의 상승이 없는데도 불구하고, 그 가공이익에 대해 세금이 매겨진다. 위에서 언급한 기계류 같은 경우, 세금혜택이 주어지는 감가상각은 최초의 구입원가에 대해서만 할 수 있고, 재구매할 때의 소요 비용에 대해서는 감가상각을 할 수 없다.

그러면 기업은 이런 가공이익 문제에 대해 어떤 조치를 취해야 하는가? 가장 중요한 것은 '숨은 유보금(hidden reserves)'을 만들어놓는 것이다. 이것은 물가가 안정된 시기에도 권할 만한 일이다. 왜냐하면 당장 내야 하는 세금을 최소화하고 세금납부를 나중으로 미룰 수 있기 때문이다. 물가상승률이 높을 때는 이런 처사가 더욱 빛을 발한다. 세금을 값어치가 더 떨어진 돈으로 내게 되기 때문이다.

그렇다면 인플레이션 시기에는 '숨은 유보금'의 창출에 신경을 아주 많이 써야 한다는 말이 된다. 앞에서 언급한 빌리 콜리의 박사학위 논문 머리말에 독일 경영학계의 태두 호르스트 알바하(Horst Albach)의 이런 말이 있다.

"가공이익이 클수록 더 많은 금액이 기업의 '숨은 유보금'으로 배정되어야 한다. 그러나 이 연구가 다루는 시기, 즉 1970년대에는 숨은 유보금 정책이 인플레이션 효과를 완전히 상쇄할 만큼 충분하지는 않았다."[6]

또다시 인플레이션이 만연하고 있는 오늘날, 기업은 '숨은 유보금 정책'이 원하는 만큼의 효과를 낼 수 있도록 최선의 노력을 다해야 할 것이다. 가격결정을 위해서는 무조건 취득원가가 아닌 재구매 비용을 고려해야 한다. 또 "가공이익에 세금이 부과되기 때문에 생기는 불이익을 줄이기 위하여 값을 더 높이 불러야 한다."는 주장에도 기업은 귀를 기울일 필요가 있다.

간추림

인플레이션 및 재무관리와 관련하여 우리는 다음의 사항들을 강조하고자 한다.

인플레이션은 재무관리에 새롭고 무거운 짐을 안겨준다. CFO는 인플레이션을 극복하는 데 핵심구실을 하기 때문에 그의 책임은 막중하다. 기업의 목표는 '실질이익의 유지'여야 한다. 명목이익의 상승에 현혹되어서는 안 된다. 현금은 더 중요해진다. 회사는 가능하면 빨리 채권을 회수해야 하고, 가지고 있는 돈은 인플레이션으로부터 보호받을 수 있도록 운용하거나 투자해야 한다.

지불기한을 줄일 수 없으면, 값을 정할 때 앞으로 일어날 '가치의 상실'을 미리 고려해야 한다. 인플레이션의 여파로 금리가 오르면, 현금흐름할인법의 원리에 따라 미래의 수입에 더 높은 할인율이 적용된다. 투자의 매력도는 현금흐름이 언제 발생하느냐에 의해 더욱 좌우된다.

금리가 오르면 '위험 프리미엄'도 함께 오를 가능성이 높다. 이 둘이 오르면 자본비용인 WACC도 올라가기 마련이다. 따라서 인플레이션 시기에는 기업이 경제이익을 내기가 더 힘들어진다. 그럼에도 불구하고 기업은 절대로 이 목표를 포기하면 안 된다.

가공이익에 세금이 부과되기 때문에 기업의 자금조달에 차질이 생긴다. 이에 대비하려면 기업은 가능하면 많은 '숨은 유보금'을 형성해 놓아야 한다. 가격결정을 위해서는 무조건 재구매 비용을 계산에 넣어야 한다. 또 가공이익 효과를 감안해 어쩌면 일정 금액을 덧붙여야 할지도 모른다.

원가를 낮추어라

인플레이션 조건 아래서 이익 수준을 지키기 위해서는, 판매 쪽의 조치를 취하는 것만으로는 대체로 충분치 않다. 첫째, 원가상승분을 고스란히 가격에 반영할 수 없는 경우가 대부분이다. 그래서 개당 공헌마진이 떨어지게 된다. 둘째, 값이 오르면 판매가 줄어들 확률이 높다. 개당 공헌마진의 하락과 판매량 감소는 이익에 압박을 가한다. 따라서 원가관리도 이익방어에 기여해야 하는 것이다. 이것은 기업이 명목이익이 아닌 실질이익을 지키고자 하면 더 들어맞는 말이고, 경제이익의 방어를 꾀하면 더더욱 말할 것도 없다.

　그러면 이런 측면에서 기업 경영의 현실은 어떠한가? 우리가 2장에서 인용한 지몬-쿠허의 설문조사는 독일의 263개 산업재 회사와 104개 소비재 회사에 '인플레이션에 어떻게 대응할지'를 물어본 것이었다. 여러 질문 가운데 하나는 "원가상승분의 몇%가 더 높은 효율에 의해 상쇄되는가?"였다. 산업재 회사들은 17%라고 응답했고 소비재 회사들은 28%라고 말했다.[1]

　원가 쪽의 인플레이션율이 10%라고 가정하면, 효율의 상승으로 각각 1.7%, 그리고 2.8%가 절감되는 것이다. 연간 생산성 상승률도 대충 이 범위 안에 있으므로, 이 수치들이 대단히 야심적이라고는 말할 수 없다. 미국에서 실시한 어느 설문조사에서는 응답자들의 22%가 원가절감을 인플레이션에 대처하는 가장 중요한 조치로 보고 있었다.[2]

이런 결과를 놓고 보면, 원가절감으로 인플레이션에 맞서야 한다는 의식은 경영실무자들이 이미 갖고 있음을 알 수 있다.

누가 원가절감의 영향을 받는가?

원가절감을 위한 여러 조치는 누구에게 영향을 줄까? 직접적으로 가장 크게 영향을 받는 집단은 자사 직원들과 공급업체들이다. 이 두 집단은 인플레이션을 맞아 원가상승에 한몫할 가능성이 높다. 근로자들과 그들을 대변하는 노동조합은 물가상승을 이유로 임금인상을 요구한다. 임금은 물가가 안정된 시기에 비해 더 빨리 더 많이 오른다.

기업이 원자재 구매부터 최종 판매까지 걸쳐 있는 긴 가치사슬의 많은 부분을 차지하고 있을수록, 즉 수직통합(vertical integration)의 정도가 클수록 직원들과 관련된 행동을 통해 원가를 줄일 여지가 더 많다. 가격조치나 판매량 조치와 달리 원가절감은 해고 또는 임금삭감 같은 사회적인 고통을 수반하는 경우가 많다. 경영자는 가격행동이나 판매량에 영향을 주는 행동과 견주어볼 때 원가에 대해 더 강한 통제력을 갖고 있다. 왜냐하면 앞의 두 경우에는 궁극적으로 고객들이 그 결과를 결정하기 때문이다. 그러나 경영자가 직원들에게 행사할 수 있는 힘도 동기부여 효과·법적 규제·노동조합의 영향 등으로 역시 한계가 있다. 그럼에도 불구하고 경영자는 대체로 고객에 비해서는 직원들에 대해 더 큰 권한을 갖고 있다.

공급 회사가 창출하는 가치의 비중이 더 클수록, 원가를 내릴 수 있는 여지는 공급자 쪽에 더 많다. 그런 만큼 공급 회사들에 대한 원가절감 압박은 더 커진다. 인플레이션으로 말미암아 구매가격이 오르므로 이런 압력은 더욱 심해진다. 이럴 때 결정적인 구실을 하는 것은 공급 회사와 구매 회사 사이의 상대적 힘의 균형이다.

우리가 가격결정력을 논의하면서 분석했듯이, 이 상대적 힘의 균형은 인플레이션과 공급 애로 현상을 맞아 바뀔 수 있다. 구매가격이 인플레이션과 공급 부족의 영향을 받을 가능성은 다분히 있다. 평온한 시기에는 자동차 회사들이 공급 회사들에 비해 상대적으로 힘이 훨씬 더 세지만, 최근에 전자칩의 공급이 달리면서 그 반대가 되었다. 자동차 회사들은 칩이 있어야 생산을 할 수 있으므로 물량을 배정받기 위해 저자세가 될 수밖에 없다. 이런 상황에서 그들이 칩의 가격인상을 받아들여야 함은 말할 것도 없다.

가격이 먼저고 원가는 나중이다

원가는 투입된 원료와 노동의 양을 각각의 가격과 곱해서 산정한다. 이 공식에 따르면 원가는 2가지 방법으로 낮출 수 있다. 하나는 원료나 노동력의 투입량을 줄이는 것이다. 또 하나는 비싼 원료를 더 싼 것으로 대체하는 것이다.

인플레이션은 이런 상황에 어떤 영향을 미칠까? 인플레이션은 주로 투입요소들의 값이 오름을 뜻한다. 따라서 가장 먼저, 그리고 빨리 방어선을 쳐야 하는 곳은 바로 가격이다. 기업은 공급 회사들과 직원들의 가격인상 시도에 제동을 걸어야 한다. 이것은 가격협상이 더 힘들어짐을 의미한다. 협상에 임하는 사람은 더 철저히 준비해야 하고(영업부서의 구실에 관해서는 12장을 참조), 협상팀은 막강한 인물들로 이루어져야 한다. 경우에 따라 최고경영자 또는 CFO가 직접 가격협상에 나서야 한다. 구매담당 임원과 인사담당 임원은 어차피 자신의 부서와 관련된 협상에 참여한다.

그럼에도 불구하고 기업은 현실적으로 생각하고 행동해야 한다. 원자재가 순조롭게 공급되지 않고 역량 있는 젊은 노동자들이 부족하면 구매자, 즉 기업의 가격결정력이 약해질 수밖에 없다. 그러면 기업이 구매가격과 노임에서 아낄 수 있는 여지는 제한될 것이다. 이런 상황에서는 불가피하게 투입량을 줄이라는 압력이 거세진다. 즉, 합리화의 필요성이 커진다.

합리화 조치는 가격조치보다 시간이 더 많이 걸리므로, 이익압착을 빨리 극복하는 데는 덜 효과적이다. 게다가 많은 업종에서 투입량을 줄일 가능성은 사실상 제한되어 있다. 빵 굽는 사람은 빵 한 덩이를 굽기 위해 일정량의 밀가루를 필요로 한다. 그런 분야에서는 합리화가 공정(工程)과 노동량 절감에 집중되어야 할 것이다. 이상의 논의에서 알 수 있다시피 인플레이션 시기에 가격과 양이라는 이 두 부문에서 원가를 크게 절감하기는 매우 어렵다.

회사가 고객들보다는 직원들과 공급업체들에 대해 더 우월한 위치에 있다는 생각이 있기 때문에, 경영자는 이익압박이 있을 때 제일 먼저 원가를 줄일 궁리를 한다. 그다음에 그가 하는 일은 보통 판매를 늘리려고 애쓰는 것이다. 이익에 가장 큰 영향을 미치는 이익동인인 '가격'에 신경 쓰는 것은 맨 마지막이다. 그러나 인플레이션이 오면 이 순서가 바뀌어야 한다. 판매수준을 안정시키려는 노력과 함께 가격이 1순위로 올라온다. 그 뒤를 원가가 따른다.

시간이 얼마나 걸리나?

다음의 2가지 이유도 이러한 순서의 당위성을 뒷받침해준다. 첫째, 가격과 달리 원가를 줄이기 위한 조치는 그것을 시행하는 데 시간이 걸린다. 둘째, 조치를 하고 나서 상당한 시간이 지난 다음에야 비로소 효과가 나타나는 경우도 많다.

자동차 산업용 압착기(stamping presses) 분야의 세계 선두주자 슐러(Schuler)는 2019년 7월 수요부진을 이유로 일자리 500개를 줄이겠다고 발표했다. 그런데 슐러의 이 계획에 관한 한 보도에 따르면, 초기에 많은 자금이 투입되고 효과는 시간이 상당히 지난 후에 나타나기 시작한다고 한다. "이 회사의 원가절감 프로그램은 8,500만 유로가 든다. 그리고 최초의 원가절감 효과는 2020년 하반기부터 나타날 것으로 기대된다."[3]

이 사례에서는 정책이 발표되고 나서 처음 효과가 나타나기까지 1년 반이 걸린다. 많은 경우에는 이보다 더 긴 시간이 걸릴 것이다.

지점망을 줄이는 형태의 원가삭감 조치 역시 시간이 지나서야 그 효과가 나타난다. 지점 유지비용의 아주 큰 부분이 임대료인데, 대개는 현재의 임대계약이 만료되어야 그것이 더 이상 지출되지 않는다. 대체로 이 '시간'이라는 차원은 원가관리에서 중대한 구실을 한다. 대부분의 경우에 원가절감 조치는 초기에 많은 예산이 들거나 투자가 필요하다. 따라서 회사는 단기적으로 유동성 문제로 어려움을 겪을 수 있다.

이러한 조치로 원가가 떨어져서 이익이 늘어나는 것은 시간이 경과한 다음의 일이다. 예를 들어, 장기근무했던 직원이 떠나갈 때 회사는 상당한 액수의 퇴직위로금을 지급한다. 또 생산원가를 낮추기 위해 새 기계류를 들여오려면 회사는 막대한 돈을 먼저 지불해야 한다.

그래서 인플레이션으로 말미암아 현금관리와 자금조달이 원활하지 않고 금리도 오르면, 원가절감 조치를 시행하는 것이 어려움을 겪을 수 있다.

원가구조와 위험

　변동비와 고정비의 비율을 뜻하는 원가구조는 위기가 터졌을 때 발생하는 위험에 영향을 준다. 개당 변동비가(일반적으로 표현하면 한계비용이) 낮을수록, 판매증가의 이익상승 효과가 더 크다. 보통 변동비가 낮으면 고정비가 높은 경향이 있으므로, 이런 원가구조를 가진 업종에서는 판매압박과 성장압박이 매우 심할 수밖에 없다. 그래서 변동비가 낮고 고정비가 높은 자본 집약적 서비스 산업에서는 높은 설비 가동률을 유지하는 것이 지속적으로 이익을 내기 위한 가장 좋은 길이다.

　원가구조는 재미있는 여러 전략적 대안의 가능성을 열어준다. 변동비를 줄이려면 회사는 통상 높은 고정비를 감수해야 한다. 자동화가 그 좋은 보기다. 회사가 자동화를 하면 노동이라는 생산요소를 줄일 수 있지만, 대신 기계류 등에 투자해야 하고 그 결과 고정비가 상승한다. 또 많은 명품 기업과 고급 패션 회사들이 소매상을 통한 판매에서 직영점 위주의 영업으로 방향전환을 했는데, 이런 경우에도 원가구조의 무게 중심이 변동비에서 고정비로 옮겨간다.

　그러나 이러한 원가구조의 변경은 회사의 '위험 프로파일(risk profile)'도 바꿔놓는다. 왜냐하면 위기가 닥치면 회사는 거대한 고정비를 그대로 떠안게 되기 때문이다. 예를 들어 세계 금융위기가 절정에 달했던 2010년의 어느 날, 싱가포르의 최고급 호텔 래플스(Raffles)의 상가에는 전 세계의 모든 유명 명품 상표의 직영점들이 운영되고 있었다. 하지만 어디를 둘러봐도 손님은 보이지 않았다.

최근에도 많은 패션 회사들이 존폐의 갈림길에 섰고, 개중에는 결국 파산한 회사도 적지 않다. 게리 베버(Gerry Weber), 에스프리(Esprit), 샤를 호겔(Charles Vögele), 밀러 앤드 먼로(Miller & Monroe) 등이 그런 회사들이다. 파산의 주요 원인 중 하나는 직영점포망을 확장해 고정비 부담이 크게 늘어난 것이었다.

이와 관련하여 덧붙이고 싶은 이야기가 하나 있다. 흔히 원가관리라고 하면 먼저 원가절감을 떠올린다. 그러나 원가절감을 위한 조치가 회사의 원가구조를 어떻게 바꾸는가를 경영자는 상대적으로 깊이 생각하지 않는 경향이 있다. 많은 경우, 원가절감을 위해 여러 가지 조치를 취한 결과 고정비가 크게 올라간다. 그런 상태에서 회사가 위기를 맞으면, 그것에 대처해야 하는 경영자는 운신의 폭이 좁아질 수밖에 없다.

회사가 지속적으로 성장하면, 경영자는 영업 대리점이나 독립 도매상, 소매상 또는 물류 등에서 빠르게 늘어나는 변동비를 줄이기 위해 이런 기능들을 스스로 떠맡고 싶은 유혹에 끊임없이 빠진다. 하지만 회사가 이런 기능들을 직접 수행하면 고정비가 올라가게 마련이다.

회사가 계속 성장하고 그 덕분에 판매량과 매출액이 충분히 확보된다면 이런 전략도 괜찮다. 그러나 판매량이나 매출액이 갑자기 떨어지는 사태가 일어나면, 경영자는 이미 크게 오른 고정비를 떠안은 채로 회사를 경영해야 하므로 적자의 늪에 빠지게 된다. 그렇다고 해서 고정비를 쉽게 줄일 수 있는 것도 아니다. 왜냐하면 고정비의 상당 부분은 계약 등으로 꽤 긴 기간 묶여 있는 경우가 많아서 그 기간에는 손댈 수 없기 때문이다.

임대계약이나 공급계약이 이렇게 장기계약으로 체결되어 있을 때 위기가 오면, 빌리는 쪽 또는 사는 쪽이 불리하다. 반면에 임대인 또는 공급자는 유리하다. 따라서 인플레이션이 요즘처럼 빨리 진행되고 있는 때는 주로 변동비를 줄이는 데 힘을 기울여야 한다. 고정비는 그 성격상 줄이는 데 시간이 걸릴 수밖에 없기 때문이다.

원가와 손익분기점

손익분기 분석을 할 때는 먼저 가격에서 개당 변동비를 뺀 개당 마진을 구한다. 이 계산을 할 때 원가함수는 선형이라고 가정한다. 따라서 개당 변동비와 한계비용은 일정하고, 또 둘의 값이 똑같다. 개당 공헌마진의 정의는 아래와 같다. p는 가격, k는 개당 변동비, d는 마진이며 손익분기점(break-even point, BEP)은 고정비 Cfix를 마진(d)으로 나누어 얻은 수치다.

[수식 14-1]
$$d = p - k$$

[수식 14-2]
$$BEP = Cfix \div d = Cfix \div (p - k)$$

14. 원가를 낮추어라

회사가 이만큼을 팔면, 고정비를 완전히 충당하고 이익은 없다. 그래서 손익분기점을 이익문턱(profit threshold)이라고 부르기도 한다. 따라서 어떤 제품의 판매량이 손익분기점을 넘으면 그것은 회사에 이익을 가져다주고, 거기에 못 미치면 손실이 발생한다. 〈수식 14-2〉와 〈그림 14-1〉에서 알 수 있듯이, 고정비와 손익분기점의 관계는 선형이다. 반면에 개당 변동비의 변화가 손익분기점에 끼치는 영향은 비선형이다. 〈그림 14-1〉은 앞의 보기에서 썼던 숫자들(고정비 3억 원, 가격 1만 원)을 대입했을 때의 손익분기점·고정비·변동비 사이의 이러한 관계를 보여준다.

값이 1만 원이면 손익분기점이 7만 5,000개다. 개당 변동비가 올라가면 손익분기점은 비례 이상으로 상승한다. 반대로 개당 변동비가 떨어지면 손익분기점은 비례 이하로 감소한다. 개당 변동비가 6,000원일 때부터 살펴보면, 변동비가 올라가면 똑같은 비율로 고정비가 상승할 경우보다 손익분기점을 더 빨리 밀어 올린다. 그러나 손익분기점이 5만 개 이하일 때는 고정비의 감소가 변동비의 하락보다 손익분기점을 더 강하게 떨어뜨린다. 따라서 변동비 또는 고정비 가운데 어느 것에 대한 조치와 투자가 손익분기점에 더 큰 영향을 주는가는 전적으로 주어진 상황에 달려 있다.

적어도 단기적으로는 인플레이션이 개당 변동비에 더 빨리, 더 강하게 영향을 줄 가능성이 높다. 왜냐하면, 예컨대 원자재 구입가격 등이 (개당 변동비에) 반영되기 때문이다. 그러면 손익분기점이 비례 이상으로 올라간다. 〈그림 14-1〉에서 개당 변동비가 시작할 때의

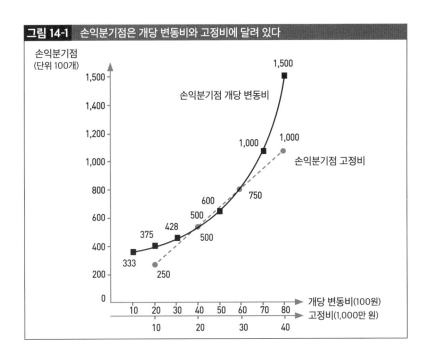

그림 14-1 손익분기점은 개당 변동비와 고정비에 달려 있다

손익분기점
(단위 100개)

손익분기점 개당 변동비

손익분기점 고정비

개당 변동비(100원)

고정비(1,000만 원)

6,000원에서 7,000원으로 올라가면 손익분기점은 7만 5,000개에서 10만 개로 올라간다. 개당 변동비가 8,000원이 되면, 손익분기점이 갑절로 뛰면서 15만 개로 올라간다. 개당 변동비에 관한 손익분기점 탄력성은 개당 변동비가 6,000원에서 7,000원으로 오를 때는 2이고, 그것이 6,000원에서 8,000원으로 될 때는 3이므로 상당히 높은 편이다.[4] 반면 고정비가 3억 원에서 4억 원으로 올라갈 때는, 고정비에 관한 손익분기점 탄력성이 1밖에 안 된다.[5]

원가가 올라서 손익분기점이 올라가면, 특히 신생 기업과 신제품이 타격을 받을 수 있다. 왜냐하면 손익분기점에 도달하지 못하는 한,

현금흐름은 음수이고 그래서 바깥에서 자금을 끌어와야 하기 때문이다. 인플레이션으로 말미암은 불가피한 가격인상은 손익분기점을 치솟게 한다. 따라서 이익문턱을 넘고 더 이상 외부자금에 기대지 않아도 될 확률이 급격히 떨어진다. 바꿔 말하면, 개당 변동비나 고정비가 높을수록 새 사업이나 신제품이 실패할 가능성이 더 커진다.

지금까지의 분석이 주는 가장 중요한 시사점은, 인플레이션 조건 아래서는 무엇보다도 개당 변동비 관리에 힘써야 한다는 것이다. 손익분기점이 비례 이상으로 올라가는 것을 막아야 하기 때문이다. 그래서 인플레이션과 싸울 때는 물가가 안정된 시기보다 구매부서에 더 막중한 임무가 주어지는 것이다.

일반적으로, 인플레이션이 닥치면 필연적으로 구매부서와 재무부서의 힘이 세지고 회사 내에서의 위상도 올라간다. 이 두 부서는 회사가 (고객들에게) 전가할 수 없는 원가상승분의 일부를 흡수하기 위해 모든 수단을 다 강구해야 한다. 그것에 관한 보기로 우리는 '선물계약'이라는 도구를 논의하고자 한다.

선물계약

인플레이션이 일으키는 원가상승에 대비하는 예방책의 하나는 "어느 특정 기간에 원료를 현재의 가격으로 인도할 것을 보장"하는 선물계약(futures contracts)을 맺는 것이다. 하지만 그러한 계약은 당연히 돈이 들어가므로, 예상되는 가격상승과 저울질해 보아야 한다. 따라서 이러한 계약이 회사에 얼마나 유리한가는 결국 (회사의) 예측능력에 달려 있다.

독일의 폴크스바겐은 선물계약으로 크게 재미를 본 바 있다. 이 회사는 원료값이 엄청나게 올랐음에도 불구하고 2022년 1분기의 영업이익을 거의 갑절로 늘릴 수 있었다. 그것은 주로 이 회사가 원료값 상승과 환율위험에 대처할 수 있는 금융수단을 잘 활용했기 때문이었다. 이러한 금융전략 덕분에 폴크스바겐은, 그 사이에 인플레이션이 시작되었지만, 위기가 오기 전의 싼값으로 원료를 사들일 수 있었다. 그 효과는 무려 35억 유로에 달했다고 한다.[6]

이 사례에서 보다시피, 원료값이 크게, 빠르게 오르는 시기에는 이러한 예방책이 크나큰 힘을 발휘할 수 있다. 물론 선물계약에는 비용과 위험이 따른다. 예상과 달리 원자재 가격이 떨어지면 일이 엉뚱한 방향으로 흘러갈 수 있기 때문이다. 그래서 결정적인 것은 결국 정보와 예측의 품질이다.

또 이런 예방책은 충분히 일찍 실제로 시행되어야만 제대로 빛을 발한다. 왜냐하면 인플레이션이 본격적으로 시작되고 모두 가격인상을 기대하면, 계약 가격이 오르기 때문이다. 그뿐 아니라 선물계약은 늘 어느 제한된 기간 내에만 유효하고, 이것이 영구적 해결책이 될 수는 없다.

간추림

인플레이션 및 원가와 관련하여 우리가 이 장에서 논의한 내용의 핵심은 아래와 같다.

기업을 대상으로 한 설문조사 결과에 따르면, 회사는 효율을 높임으로써 원가상승분의 약 20%를 흡수할 수 있다.

회사가 취하는 원가절감 조치는 주로 직원들과 협력사들에 영향을 준다. 경영자들은 대체로 고객들보다는 이 두 집단에 대해 더 우월한 위치에 있다고 생각하는 경향이 있다. 회사가 창출하는 부가가치의 비중이 낮으면, 회사는 원가절감을 위한 노력을 주로 협력사에 초점을 맞추어야 한다. 반대로 회사가 창출하는 부가가치의 비중이 높으면, 원가를 낮출 수 있는 여지는 생산요소 중 하나인 '노동'에 있다. 원가는 투입요소의 양과 가격을 곱하면 나오므로, 원가를 낮추려면 이 두 요소에 모두 손을 대야 한다.

인플레이션이 오면 가격협상이 더욱 힘들어진다. 회사는 더 꼼꼼히 협상 준비를 해야 하고, 유능하고 직위가 높은 사람들을 협상에 참여시키는 것이 좋다. 원료와 인재가 부족하면 가격협상에 임하는 구매회사 또는 고용주의 협상력이 약해진다. 생산요소의 투입량을 줄이는 것은 대체로 시간이 많이 걸리고 추가적인 투자가 필요하다. 그런 만큼 이 방안은 단기적인 '이익압착' 문제를 해결하는 데는 큰 도움이 안 된다.

경영자는 또 변동비와 고정비의 비율, 즉 원가구조에서 생기는 '위험 프로파일'에도 주의를 기울여야 한다. 성장단계에서는 낮은 변동비와 높은 고정비의 조합이 유리하다. 그러나 위기가 오면, 이러한 원가구조를 가진 회사는 심각한 위험에 부딪히게 되고, 때로는 생존이 위협받을 수도 있다.

구매 쪽에 인플레이션이 오면 단기적으로 변동비가 고정비보다 더 크게 오른다. 그 결과 손익분기점은 비례 이상으로 높아진다. 이런 상황은 특히 스타트업과 신생 기업에 위험하다.

선물계약은 원자재 가격상승으로부터 회사를 보호할 수 있는 의미 있는 조치다. 이런 계약은 당연히 충분히 일찍 맺어놓아야 하며, 예측이 빗나갈 위험을 내포하고 있다. 심각한 인플레이션이 지속되는 경우에는 선물계약에 드는 비용이 그것의 효용을 능가할 수 있다.

15

총정리 : 무엇을 해야 하는가?

다시 말하지만, 인플레이션 망령이 돌아왔다. 그리고 그것은 앞으로 상당 기간 우리와 같이 있을 것이다. 이제 기업은 근본적으로 달라진 세계에서 사업을 해야 한다. 극복해야 하는 갖가지 도전은 기업의 모든 부서에 영향을 끼친다. 경영자는 효과가 즉각 나타나는 구체적인 조치를 취해야 할 뿐만 아니라 기업문화도 바꿔야 한다.

위기의식을 심어줘라

엄청난 인플레이션을 맞아 최고경영자는 회사의 모든 임직원에게 회사가 아주 빨리 위험한 상황에 빠질 수 있다는 위기의식을 심어줘야 한다. 그래서 구성원들이 모두 새로운 경영환경에 적응해야 한다는 메시지를 강력히 전달해야 한다. 기업에 몸담은 사람은 누구나 인플레이션의 파도를 피해갈 수 없다. 원자재 가격, 금리, 가격 같은 경영의 중대한 파라미터들이 순식간에 변하고, 부분적으로는 아주 크게 달라지기조차 하면, 회사의 어느 누구도 기존 방식 그대로 계속 일할 수 없다.

그뿐 아니라 인플레이션이 심각해지면서 임금도 어쩔 수 없이 가격의 뒤를 따라 덩달아 오를 것으로 보인다. 기업 지도자들은 또 직원들에게 "허망한 수치에 현혹되지 말라."고 경고해야 한다. 인플레이션 때문에 값이 오르면 명목상의 매출액과 이익이 부풀려진다. 그러나 실질이익은 그대로이거나 경제이익은 심지어 떨어지기조차 한다. 사정이 이렇다면 사실상 기업은 얻은 것이 없다.

이와 더불어 경영진은 또 직원들에게 현재의 인플레이션에 견줄 만한 것은 40여 년 전에 있었고, 따라서 그들은 인플레이션을 몸소 겪은 적이 없음을 일깨워줘야 한다. 이런 상황에서는 회사의 임직원들이 배우겠다는 마음을 내고, 생각하는 방식을 바꾸겠다고 다짐하는 것이 필요하다. 국제무대에서 활동하는 기업이라면 극심한 인플레이션에 시달리고 있거나 그런 적이 있는 나라들의 생생한 경험을 참조할 수 있을 것이다. 이런 의미에서 우리는 "인플레이션이 기업문화의 변화를 요구하고 있다."고 과감히 말할 수 있다.

이익투명성을 확립하라

최고경영자는 회사의 이익상황을 직원들에게 조금 더 투명하게 알릴 방안을 강구해야 한다. 왜냐하면 직원들과 일반 대중은 대체로 기업의 실제 수익성에 대해 흔히 잘못 알고 있기 때문이다. 소비자이기도 한 직원들은 대부분 자기 회사의 실제 이익이 얼마인지 모른다. 소비자들을 대상으로 한 여러 설문조사에서 응답자들은 기업의 순영업이익률이 20% 정도일 것이라고 대답했다. 그러나 우리가 이 책의 앞부분에서 언급했다시피 기업들의 실제 세후 영업이익률은 대략 평균 5% 정도다.

코앞에 닥친 인플레이션 위협에 맞서야 하는 기업들의 태반은, 그 이익 쿠션이 지극히 얇다. 또 이익투명성이 높아지면 직원들이 인플레이션으로 말미암아 부풀려진 매출액 수치에 현혹되지 않고, 정말로 중요한 것은 실제 이익, 아니 더 나아가서는 경제이익의 방어임을 깨닫게 될 것이다. 회사의 이익이 사실은 대단치 않다는 정보가 더 투명하게 공개되면, 많은 직원이 변화의 필요성을 더 열린 마음으로 받아들이게 될 것이다. 인플레이션은 이런 의미에서 기업에게 기회이기도 하다. 왜냐하면 기업은 위기가 오면 좋은 시절에 비해 상대적으로 더 잘 변신하기 때문이다.

모든 부서가 책임의 주체가 되어라

기업문화의 변화는 또한 기업의 모든 부서가 인플레이션을 자신의 문제로 받아들이고 그것을 극복하는 책임의 주체가 되어야 함을 뜻한다. 영업현장에서 가격인상을 관철해야 하는 직원들만 인플레이션 문제를 극복할 책임이 있다는 생각은 잘못된 것이다.

우선 값을 올리는 것만으로는 대부분의 회사들이 안고 있는 문제를 해결할 수 없다. 원가상승분을 온전히 고객들에게 전가할 수 있는 회사는 그다지 많지 않다. 아마 그 비율은 기껏해야 평균 50% 정도다. 원가 쪽에서도 회사의 이익방어에 힘을 보태야 한다. 이를 위해 재무 부서는 말할 것도 없고 구매·인사·생산 등의 부서에서도 얼마든지 할 일이 많다. 이런 부서들의 우두머리들은 이익방어라는 일반적인 목표의 달성을 위해 자기 부서의 직원들이 구체적으로 무엇을 해야 하는가를 명확히 해야 한다.

이럴 때 현재 주어진 특별한 상황과 그것의 원인에 주목해야 함은 말할 것도 없다. 독자들이 이 책의 앞부분에서 이미 보았듯이, 물가나 원가의 일반적인 지수는 특정 제품이나 서비스에 대해 기업이 즉각 취해야 하는 조치를 도출하기 위한 지침으로서는 별로 쓸모가 없다. 각 부서가 현재 처해 있는 구체적인 상황을 깊이 이해하는 것이 필수다.

민첩성을 높여라

이번 인플레이션 역시 1970년대에 그랬던 것과 비슷하게 갑자기 시작되었다. 동시에 각국의 중앙은행들과 거시경제학자들은 "이것은 여러 부문의 막힌 곳이 뚫리면 사라질 일시적인 현상"이라고 주장하며, 한참 지나고 나서야 반응을 보였다. 그러나 얼마 지나지 않아 벌써 이런 예상은 착각이었음이 드러났고, 앞으로도 계속 그럴 것이다.

몇 년 동안 불규칙적으로 별다른 사전 통보 없이 원가와 값이 오르는 현상이 지속될 것이다. 그래서 기업들이 줄기차게 민첩성을 높여야 함은 이제 필연이다. 원가정보를 재빨리 파악해야 하며, 가격정보도 마찬가지다. 이렇게 민첩하게 정보를 수집하고 분석한 다음에는 기민하게 움직여야 한다. 새로운 사실을 알게 되고 나서는 될 수 있는 대로 빨리 행동해야 한다. 연료값이 올랐는데 운송 회사가 석 달이나 기다렸다가 원가상승분을 고객들에게 전가할 수는 없다. 지체 없이 그렇게 해야 한다. 어느 대기업의 이사회의장은 이것을 이렇게 표현한 바 있다.

"원가상승의 물결을 따라 달리지 않고 물결보다 앞서가는 것이 중요하다."

지금까지는 1년에 한 차례 값을 조정하는 것이 관례였다면, 이제부터는 매 분기, 매달 또는 더 짧은 간격으로 불규칙하게 값을 올려야 할지 모른다. 또 재무부서와 영업부서는 돈이 들어오고 나가는 시점을 회사에 유리하도록 재조정하는 데 힘을 기울여야 한다.

가격결정력을 강화하라

가격결정력이란 "기업이 적절한 이익을 거두기 위해 필요한 가격을 고객으로 하여금 받아들이도록 하는 능력"이다. 인플레이션 시기에는 값을 올려야 하므로 가격결정력은 성공을 위한 가장 중요한 전제조건이다. 문제는 기업이 가격결정력을 단기적으로, 즉 무(無)에서 창출할 수는 없다는 것이다. 그렇지만 가격결정력을 강화하려는 노력은 해야 한다.

이럴 때 중심적인 구실을 하는 것이 바로 고객들이 주관적으로 느끼는 '고객가치'다. 이것이 고객들의 지불용의가격을 결정하기 때문이다. 고객들이 지각하는(perceive) 효용을 개선하는 데 기업이 성공하면, 가격인상이 성공할 확률이 높아진다. 혁신은 고객가치를 높이기 위한 가장 중요한 길이지만, 늘 가장 효과적이지는 않다. 혁신에 못지않게 중요한 것은 고객가치의 커뮤니케이션이다.

위기가 오면 이런 가치 커뮤니케이션은 경제성, 에너지 절약 또는 더 긴 제품수명 같은 '뚜렷한 효용'에 집중해야 한다. 시장환경이 변했으므로, 소비자들의 평가 기준 자체를 바꾸려는 노력도 성공으로 이어질 수 있다. 예를 들면, 기존의 기름 난방 또는 가스 난방 시스템을 열펌프와 견주어보게 하는 것도 전망이 밝을 수 있다. 교육훈련, 신속한 A/S, 설치 등의 추가 서비스를 제공하는 것도 고객가치를 높일 수 있고, 따라서 가격결정력을 강화할 수 있다. 하지만 여기서 열거한 여러 방안은 대부분 추가적인 비용과 투자를 요한다. 그래서 인플레이션 조건 아래서는 이것들의 잠재적 가치가 제한적일 수 있다.

또 하나의 문제는 '소요되는 시간'이다. 방금 앞에서 '민첩성'의 중요성을 논의했는데, 가격결정력을 강화하기 위한 조치를 시행하는 데 시간이 많이 걸린다면 기업의 민첩성이 악영향을 받을 것이다. 그런만큼 과거에 쌓아 놓은 가격결정력이 무엇보다 긴요하고, 가격결정력을 빨리, 획기적으로 강화하는 것은 극소수의 경우에만 가능하다.

가격모델을 다시 구축하라

어느 화학 회사의 영업담당 부사장은 우리에게 이렇게 말한 적이 있다.

"이제 물가가 급등하니 바야흐로 우리의 가격모델을 바꿔야 할 때입니다. 지금 그렇게 하지 않으면, 우리는 그것을 영원히 하지 못할 것입니다."

그의 말이 맞다. 가격은 인플레이션과의 싸움에서 빼어난 구실을 할 수 있다. 산업재 시장뿐만 아니라 소비재 분야에서도 가격인상에 대한 저항은 격렬하다. 동시에 기업이 살아남으려면 반드시 값을 올려야 한다. 따라서 기업은 더 나은 거래가격을 관철하기 위해 가격책정의 모든 도구를 총동원해야 한다. 전술적 수준에서 말하면, 여기에는 밋밋한 가격인상뿐 아니라 가격차별화, '덜 비싼 대안'의 출시, 가격문턱 넘기, 수준 높은 할인정책 등도 포함된다. 긴 시간이 지나야 거래가 마무리되는 경우에는 무조건 가격상승조항 또는 가격조정조항을 계약조건에 넣어야 한다. 신규계약의 경우에는, 스마트 계약의 형태로 아주 효율적으로 이런 조항의 효과를 얻을 수 있다. 이것은 외부 지표가 어떤 조건을 만족시키면 자동적으로 가격이 조정되도록 하는 계약이다.

다차원 가격책정(multidimensional pricing), 묶음가격 또는 묶음가격 풀기, 쓴 만큼 내기 모델 등의 혁신적 가격시스템은 무척 전망이 밝다. 이런 방식은 대부분 전통적인 가격모델들보다 소비자들의 저항을 덜 불러일으킨다. 그 결과 기업은 소비자의 지불용의가격에 더 가깝게 값을 매길 수 있다. 이런 시스템은 동시에 고객충성도의 강화, 교차판매(cross-selling), 판매량 증가 등의 긍정적인 부수효과를 낳을 수 있다. 기업이 이렇게 더 복잡한 가격시스템을 제대로 활용하려면, 훨씬 더 높은 수준의 정보를 갖고 있어야 한다. 왜냐하면 이런 기법들은 기본적으로 고객들의 지불용의가격 바로 밑까지 값을 끌어올리는 것인데, 만일 틀린 정보 때문에 그 경계선을 넘어버리면 판매자 이익이 폭락할 수 있기 때문이다.

디지털화를 활용하라

디지털화는 현재의 인플레이션에서 그 중요성이 매우 크다. 이것은 1970년대의 인플레이션과 본질적으로 다른 점이다. 디지털화는 투명성을 획기적으로 높였다. 가격투명성이 특히 그렇다. 그러나 가치투명성도 지속적으로 점점 더 중요해지고 있다. 가격투명성이 올라가면, 가격반응함수의 기울기가 더 가팔라지고 가격탄력성도 더 커진다. 인플레이션으로 말미암은 가격인상은 그 부정적인 효과가 더 크고 더 실현하기 힘들어진다.

긍정적 또는 부정적 평가는 비대칭적인 수요 반응과 가격탄력성 반응으로 이어진다. 평가가 좋으면 값을 올릴 때의 가격탄력성이 줄어든다. 만일 구텐베르크 함수가(〈그림 7-1〉 참조) 시장현실을 반영하면,

좋은 평판은 오른쪽 독점영역을 더 크게 만들고 그 영역 안에서는 값이 올라도 판매가 크게 줄지 않는다. 따라서 값을 올릴 수 있는 여지가 더 많다. 평판이 좋으면 기업의 가격결정력이 더 커진다.

반면 평가가 나쁘면 이것과 정반대 현상이 일어난다. 예컨대 호텔 같은 어떤 서비스 상품이 압도적으로 부정적인 평가를 받으면, 값을 내려도 판매수준을 유지하기 힘들다. 그런 만큼 품질평가가 나쁜 경우에는, 가격인하가 경쟁의 무기로서 힘을 발휘할 수 없다. 한계비용이 제로 또는 제로에 가까운 디지털 제품의 최적가격은 매출액을 극대화하는 값이다. 지불용의가격이 달라지지 않으면, 최적가격도 그대로다. 이런 의미에서 '한계비용 제로'는 인플레이션 효과를 약화시키는 기능을 수행한다. 그러나 손익분기점이 올라가므로, 경영자는 성장해야 한다는 압박을 받게 된다.

영업부서를 무장시켜라

가격인상이 고객에게 관철되느냐 여부는 영업부서의 정성과 설득 노력에 달려 있다. 그래서 영업부서는 인플레이션 극복에 중심적인 구실을 한다. 그래서 인플레이션 시기에는 영업부서를 좀 더 중앙집권적으로 관리해야 하며, 회사 내의 위계도 올려야 한다. 최고경영자는 영업부서에 더욱 관심을 기울이고, 힘을 실어줘야 한다.

중앙집권적 관리와 동시에 영업사원들은 현장에서 충분한 의사결정권을 갖고 있어야 한다. 그래야만 그들이 조직과의 마찰 없이 가격 조정을 위해 더 자주, 더 많이 해야 하는 협상을 잘 해낼 수 있기 때문이다. 현재의 영업부서에 몸담은 임직원들은 인플레이션을 경험해본 적이 없다. 이러한 경험 부족에서 오는 약점을 극복하기 위해서는 조직문화를 바꾸기 위한 교육훈련과 정신력 강화가 필요하다.

공개적인 가격인상 외에 마진을 갉아먹는 '돈 새는 곳'들을 틀어막는 것도 마찬가지로 중요하다. 영업사원의 실적은 궁극적으로 '실제 수령가격'으로 측정해야 한다. 또한 영업부서는 지불조건을 회사에 유리하게 조종함으로써 인플레이션에 적응해야 하는 회사의 '현금관리'에 도움을 줘야 한다.

그러기 위해서는 영업부서를 위한 목표달성 지침과 인센티브가 인플레이션 조건에 맞게 조정되어야 한다. 고객세분화와 그것에 바탕을 둔 가격차별화는 더욱 뚜렷하고 세련되게 이루어져야 한다. 가격인상을 끝내 받아들이지 않는 고객들과는 어쩌면 헤어져야 할지도 모른다. 이런 과정에서 회사와 영업부서가 맞부딪힐 가능성은 얼마든지 있기 때문에 그에 대한 대비도 필요하다.

인플레이션에 맞게 재무관리를 바꿔라

재무부서는 인플레이션이 가져올 여러 결과를 극복하기 위해 중요한 기여를 해야 한다. 인플레이션이 가져올 재무적 충격이나 효과는 우선순위를 매기고 그에 따라 주의를 기울여야 한다. 시의적절한 보고는 그 어느 때보다도 더 중요하다. 기업이 단기 재무계획을 세우고 관리할 때나 장기적인 계획에 따라 재무자원을 관리할 때나 모두 들어맞는 말이다.

인플레이션 시기 현금관리의 요체는 될 수 있는 대로 빨리 채권을 회수하고, 받은 돈을 인플레이션으로부터 보호하는 방향으로 관리하는 것이다. 이를 위해 암호화폐가 적절한가는 아직 확실하지 않다. 장기적으로는 비트코인과 그 비슷한 부류가 '가치의 보관소'가 될지도 모른다. 하지만 이것들은 현재 단기적인 변동 폭이 무척 크다.

인플레이션의 여파로 금리가 오르면, 현금흐름할인법에 따라 더 먼 미래에 들어오는 돈은 높은 할인률로 할인된다. 그래서 투자의 매력도는 현금흐름이 언제 일어나느냐에 달려 있다. 이 부분은 지금까지보다 더 중요해질 것이다. 물가상승률과 금리가 낮았던 시절에 행해진 여러 투자 가운데 많은 것들이 현재와 같은 상황에서는 진행되지 않을 것이다. WACC가 높아지면 경제이익을 내기가 어려워진다. 그럼에도 기업은 '경제이익의 달성'이라는 목표를 포기하지 말아야 한다.

가공이익에 세금이 부과됨으로 말미암아 자금조달에 차질이 생기는 문제는, 가능한 한 '숨은 유보금'을 많이 쌓아놓는 방법으로 어느 정도 해결할 수 있다.

원가를 낮추어라

인플레이션을 맞아 이익을 지키려는 기업의 노력에 원가관리도 기여해야 한다. 일선의 경영자들은 이익을 지키는 과업에 원가관리가 20~30% 정도 이바지할 수 있다고 말한다. 가격 쪽에서의 기여율은 현실적으로 50% 정도이므로, 이 둘을 합치면 70%다. 나머지 30%는 많은 경우에, 적어도 일시적으로는, '이익의 감소'로 받아들여야 할지 모른다.

원가를 발생시키는 가장 중요한 두 요소는 노동과 투입원료다. 원가관리는 원가의 가장 큰 부분을 차지하는 요소에 집중한다. 유통업이나 자동차산업처럼 부가가치 자체 생산비율이 낮은 업종에서는 그것이 납품 회사들이다. 그래서 가격협상을 할 때는 그들에게 최대한의 압력을 가한다. 이 과정에서 상대적인 가격결정력은 결정적인 구실을 한다. 많은 업종에서는 수요자가 더 큰 가격결정력을 갖고 있다. 그 까닭은 수요자가 이른바 '구매력'을 갖고 있기 때문이다.

부가가치 자체 생산비율이 높으면, 원가를 낮추려는 노력이 '노동'이라는 요소로 향한다. 그러나 노동의 가격, 즉 임금에 대한 기업의 영향력은 제한적이다. 기업의 가격결정력은 숙련된 젊은 노동자의 부족으로 더욱 약해진다. 그래서 기업은 원가를 낮추기 위해 무엇보다 노동의 투입량을 줄이려고 애쓰게 된다. 그 결과 인플레이션은 일자리의 감소라는 바람직스럽지 않은 현상을 일으킨다. 기업을 떠난 임금노동자는 소득을 잃게 되므로 나라의 부담은 더 커진다.

경영자는 고정비와 변동비의 비율에서 생기는 회사의 위험구조(risk structure)에도 주목해야 한다. 성장단계에서는 낮은 변동비와 높은 고정비의 조합이 유리하다. 그러나 인플레이션 시기에는 이런 조합이 아주 심각하게 위험할 수 있으며, 때로는 회사의 존립을 위협할 수도 있다. 구매 쪽에서의 인플레이션은 단기적으로 변동비를 고정비보다 더 많이 밀어 올린다. 그래서 손익분기점이 비례 이상으로 올라간다. 이런 상황은 특히 스타트업과 신생기업에 위험하다. 선물계약은 원자재 가격상승으로부터 회사를 보호할 수 있는 의미 있는 조치다. 이런 계약은 물론 충분히 일찍 맺어야 하며, 예측이 빗나갈 위험을 안고 있다. 물가상승률이 높은 기간이 지속되면, 선물계약에 드는 비용이 그것의 효용을 능가할 수도 있다.

마무리하는 말

인플레이션은 이미 왔고 오래 머무를 것이다. 우리는 1990년 이후의 물가가 안정되었던 시절을 슬픈 마음으로 회상하게 될지 모른다. 돈이 '가치의 보관소'라는 기능을 잃는다는 사실은, 경제에 참여하는 모든 이들에게 익숙지 않은 위험을 안겨준다. 인플레이션의 혜택을 입는 사람들은 별로 없고, 대부분의 기업과 소비자가 잃는 쪽에 속할 것이다. 왜냐하면 인플레이션의 영향을 완전히 비껴갈 수는 없기 때문이다. 그런 만큼 현실주의가 필요하다. 인플레이션을 없애는 것이 문제가 아니다. 그런 것은 기껏해야 중앙은행들만 할 수 있을 것이다. 반면에 개별 기업과 각 소비자는 인플레이션과 잘 지내고 피해를 최소화하기 위해 최선을 다해야 한다.

즉, 인플레이션을 꺾기 위해 할 수 있는 모든 것을 해야 한다. 우리는 이 책에서 기업이 부딪히고 있는 이 엄청난 도전을 기업 경영의 모든 관점에서 비추어 보려고 노력했다. 기업이 민첩하게, 구체적이면서도 효과적인 조치를 취할 것을 권장한다. 인플레이션은 '높은 가격'의 형태로 나타나므로 그것을 극복하기 위해서는 당연히 가격과 가격 책정이 중심적인 구실을 한다.

그러나 기업의 반응이 결코 가격관리에만 국한되면 안 된다. 영업·재무·구매·원가관리·디지털화·혁신 등도 마찬가지로 포괄해야 한다. 인플레이션은 절대로 값을 올려 원가를 전가하는 문제만은 아니다. 오히려 기업 전체의 문화가 바뀌어야만 극복할 수 있는 거대한 물결이다. 기업이 이런 변화를 빠르게 성공적으로 이루어내면, 인플레이션을 이겨내고 미래 생존을 담보할 수 있다.

1. 인플레이션 망령이 돌아왔다

1   Thomas Mayer, Das Inflationsgespenst-Eine Weltgeschichte von Geld und Wert, Frankfurt:Campus 2022.

2   https://www.focus.de/finanzen/banken/gold-teil-2-stabiler-wert-ueber-jahrzehnte_id_3663290.html(accessed April 10, 2022)

3   Nathan Lewis, Gold the Once and Future Money, Hoboken:Wiley 2007.

4   Agustin Carstens, The Return of Inflation, Vortrag 5. April 2022, https://www.bis.org/speeches/sp220405.htm(accessed April 6, 2022)

5   Christian Nolting, Inflation-The Rhino in the Room, CIO Insights, Frankfurt: Deutsche Bank, March 2022.

6   Das Vermögen schmilzt wie Eis in der Sonne, interview with Karl von Rohr, Frankfurter Allgemeine Sonntagszeitung, April 17, 2022.

7   Hans-Werner Sinn, Die wundersame Geldvermehrung-Staatsverschuldung, Negativzinsen, Inflation, Freiburg:Herder 2021 und Thomas Mayer, Das Inflationsgespenst-Eine Weltgeschichte von Geld und Wert, Frankfurt: Campus 2022.

8   Christian Siedenbiedel, Die Inflation ist da-und wird auch bleiben, interview with Hans-Werner Sinn und Lars Feld, Frankfurter Allgemeine Zeitung, April 8, 2022, p. 29.

9   Christian Siedenbiedel, Auch Brot und Butter werden teurer, Frankfurter Allgemeine Zeitung, April 14, 2022, p. 20.

10   https://www.t-online.de/auto/recht-und-verkehr/id_91950408/tesla-model-3-wird-ueber-nacht-deutlich-teurer-e-auto-foerderung-sinkt.html(accessed April 5, 2022)

11   https://efahrer.chip.de/news/billigstromer-auf-abstellgleis-nachfolger-des-elektro-dacias-schon-in-der-mache_107234(accessed April 9, 2022)

2. 인플레이션의 피해자와 수혜자

1   https://www.nytimes.com/2022/05/03/business/bp-profits-russia.html(accessed May 4, 2022)

2   Simon-Kucher & Partners, Inflation Campaign Survey Results, Frankfurt 2022.

3   Ram Charan, Leading through Inflation-A Playbook, 2022, https://chiefexecutive.net/inflationplaybook/?utm_campaign=Weekly%20Insights%20Newsletter&utm_medium=email&_hsmi=207171797&_hsenc=p2ANqtz--pvLY9J0ZFNGAJDbBQzZwrgOXuvh3j8sPWvzr5rwEx5_J8SdVHOaPUn57t9-jCYFx5PZUpEqQahDrXROlTwL7ZRhmvNEJfybadruu4d6zAWfLwSO4&utm_content=207171797&utm_source=hs_email

4   인플레이션율의 평균값은 평균 인플레이션율과 같지 않다. 왜냐하면 평균 인플레이션율을 산정할 때는 누적 효과가 고려되지 않기 때문이다.

5   유령이익(phantom profits)이라고도 하며, 독일어로는 Scheingewinn이다.

6   Willi Koll, Inflation und Rentabilität, Wiesbaden:Gabler 1979.

7   2022년 3월 튀르키예의 연간 인플레이션율은 61.1%에 달했다.

8   Christoph Hein, Eine Insel im Abwärtsstrudel, Frankfurter Allgemeine Zeitung, April 8, 2022, p. 16.

9   Christian Seidenbiedel, So schlagen Sparer 7, 3 Prozent Inflation, Frankfurter Allgemeine Zeitung, 27. April 2022, S. 23.

10   https://de.statista.com/statistik/daten/studie/155734/umfrage/wohneigentumsquoten-in-europa/, https://www.manager-magazin.de/finanzen/immobilien/wohneigentumsquote-usa-werden-zum-land-der-wohnungsmieter-a-1140761.html(accessed April 9, 2022)

11   Hermann Simon, True Profit!, New York:Springer Nature 2021.

12   Ester Félez-Vinas/Sean Foley/Jonathan R. Karlsen/Jiri Svey, Better than Bitcoin? Can cryptocurrencies beat inflation?, https://papers.ssrn.com/sol3/papers.cfm?abstract_id=3970338, 24 Nov 2021.

13   Ester Félez-Vinas, Sean Foley, Jonathan R. Karlsen, and Jiri Svey, Better than

Bitcoin? Can cryptocurrencies beat inflation?, https://papers.ssrn.com/sol3/papers.cfm?abstract_id=3970338, 24 Nov 2021.

14 Decade-High Mortgage Rates Pose Threat to Spring Housing Market, Wall Street Journal, April 16, 2022.

15 Georg von Wallwitz, Die große Inflation-Als Deutschland wirklich pleite war, Berlin: Berenberg 2021.

16 https://apa.at/news/inflation-bringt-budget-milliarden-an-mehreinnahmen-3/(accessed April 20, 2022)

17 1억 2,320만 원 ÷ 1.1 = 1억 1,200만 원, 1억 1,200만 원 - 1억 640만 원 = 560만 원

3. 지금 가장 필요한 것은, 민첩성

1 Georg von Wallwitz, Die große Inflation-Als Deutschland wirklich pleite war, Berlin:Berenberg 2021.

2 드라기 총재는 2012년 7월 26일, 런던에서 열린 어느 국제회의에서 다음과 같이 말해 큰 반향을 일으킨 바 있다. "Within our mandate, the ECB is ready to do whatever it takes to preserve the euro."

3 https://www.ifo.de/en/lecture/2020/christmas-lecture/Covid-19-%20and-Multiplication-of-Money

4 Dennis Meadows, Die Grenzen des Wachstums, München: Deutsche Verlagsanstalt 1972.

5 Ram Charan, Leading through Inflation, Chiefexecutive.net, March 18, 2022.

6 영어로는 agile pricing models, 독일어로는 agile Preismodelle이다.

7 Personal mail of March 30, 2022 referring to Simon's interview "Erhöht die Preise schneller" of March 26, 2022 in Frankfurter Allgemeine Zeitung.

8 Ram Charan, Leading through Inflation:A Playbook, Chiefexecutive.net, March 18, 2022.

9 Christian Müßgens, Preishammer im Reifenhandel, Frankfurter Allgemeine Zeitung, April 27, 2022, p. 18.

4. 어떻게 이익을 지킬 것인가?

1 WACC의 자세한 정의는 이 책의 13장 참조.

2 Alfred Marshall, Principles of Economics, first edition, London: Macmillan 1890.

3   Peter F. Drucker, The Essential Drucker, New York：Harper Business 2001, p. 38. "Profit is a condition of survival. It is the cost of the future, the cost of staying in business."

4   자기자본수익률은 아래의 공식에 따라 도출된다.
     자기자본수익률 = (영업이익률 × 자본회전율) ÷ (1 − 부채비율)

5   "Superstars-The Dynamics of Firms, Sectors, and Cities Leading the Global Econom.", Discussion Paper, McKinsey Global Institute, 2018년 10월. 다음의 요약 버전 참고.
     https://www.mckinsey.com/featured-insights/innovation-and-growth/what-every-ceo-needs-to-know-about-superstar-companies

6   이익을 희생했다는 뜻. Nicht nur jammern, Frankfurter Allgemeine Zeitung, April 6, 2022, p. 22.

5. 인플레이션 시대의 최적가격

1   《가격관리론》, 유필화·헤르만 지몬·마틴 파스나하트, 2012년, 박영사.

2   Susanne Wied-Nebbeling, Das Preisverhalten in der Industrie, Ergebnisse einer erneuten Befragung, Tübingen：Mohr 1985.

3   Simon-Kucher & Partners, Global Pricing Study 2011, Bonn 2011.

4   앞의 주석 1에서 인용한 《가격관리론》의 203쪽 참고.

5   Hermann Simon and Martin Fassnacht, Price Management, New York：Springer 2019.

6   매출액 = 1만 600원 × [10만 개(1 − 0.06 × 2.5)] = 9억 100만 원
     원가 = (6,600원 × 8만 5,000개) + 3억 3,000만 원 = 8억 9,100만 원
     => 이익 = 9억 100만 원 − 8억 9,100만 원 = 1,000만 원

7   Preiserhöhung passé, General-Anzeiger Bonn, June 12, 2008, p. 20.

8   Nicht nur jammern, Frankfurter Allgemeine Zeitung, April 6, 2022, p. 22.

6. 고객가치를 높여라

1   Simon-Kucher Global Pricing Studies 2011 und 2021, Bonn.

2   Simon-Kucher Global Pricing Studies 2014, Bonn.

3   file:///D:/651/Downloads/Bitkom-Charts_Daten%C3%B6konomie_04_05_2022_final.pdf

4 https://www.marketingweek.com/kimberly-clark-increase-marketing-price/(accessed April 29, 2022)

5 경쟁사들은 대체로 90% 이상을 보장하지 못한다.

7. 모두 어려워도 누군가는 승리한다

1 Hermann Simon and Martin Fassnacht, Price Management, New York:Springer 2019.

2 Stefanie Diemand, Jonas Jansen and Gustav Theile, Aldi und die Angst vor der Preislawine, Frankfurter Allgemeine Zeitung, March 19, 2022, p. 28.

3 Nicht nur jammern, Frankfurter Allgemeine Zeitung, April 6, 2022, p. 22.

4 Assa Abloy Earnings Conference, Quarter II, 2011.

5 Half Year Earnings Call Michelin, July 29, 2021.

6 Hyundai Seeks Solution on the High End, The Wall Street Journal Europe, February 19, 2013, p. 24.

7 재미있는 것은 우리는 이런 행위를 "구워삶는다."라고 표현하는데, 서양에서는 "부드럽게 끓인다(Weichkochen, soft-boiling)."라는 말을 쓴다는 사실이다.

8 Source Simon-Kucher. The signals were identified using an artificial intelligence algorithm.

9 Pricing Power is highly prized on Wall Street, The Economist, November 6, 2021.

8. 가격결정력의 강화

1 From the transcript of hearings of Warren Buffett before the Financial Crisis Inquiry Commission(FCIC) on May 26, 2010.

2 Karen Langley, Quest for Pricing Power Drives Stock Gains, Wall Street Journal, April 17, 2022.

3 Peter Thiel, Zero to One-Notes on Startups or How to Build the Future, New York:Crown Publishing Group 2014.

4 Chris R. Burggraeve, Marketing is not a Black Hole, New York:Vicomte 2021, p. 20.

5 Pricing Power is highly prized on Wall Street, The Economist, November 6, 2021.

6   Pan Yang, Thomas S. Gruca and Lopo Rego, Measures, Trends and Influences on Firm Value, Cambridge (Mass.)：Marketing Science Institute Working Paper Series, Report No. 19-112.

7   Quest for Pricing Power Drives Stock Gains, Wall Street Journal, April 17, 2022.

8   https://www.ubs.com/content/dam/WealthManagementAmericas/documents /US-Equities-pricing-power-standouts.pdf

9   Simon-Kucher Global Pricing Study 2011, Bonn 2011.

10 Pan Yang, Thomas S. Gruca and Lopo Rego, Measures, Trends and Influences on Firm Value, Cambridge(Mass.)：Marketing Science Institute Working Paper Series, Report No. 19-112, and Kai Bandilla, How Much Pricing Power Do You Have?, Paris：Simon-Kucher & Partners, April 2022.

11 https://www.ubs.com/content/dam/WealthManagementAmericas/documents /US-Equities-pricing-power-standouts.pdf

12 B. Freytag, Mit höherer Gewalt zu höheren Preisen, Frankfurter Allgemeine Zeitung, May 23, 2015, p. 30.

13 이 네 회사는 Edeka, REWE, Aldi, 그리고 Lidl이다.

14 Hermann Simon, Rational verhandeln ist besser als Grabenkampf, Lebensmittelzeitung, 17/2018.

15 Streit mit Edeka belastet Eckes, Frankfurter Allgemeine Zeitung, April 7, 2022, p. 25.

16 Die Machtverhältnisse werfen Fragen auf, Interview with the president of the German antitrust office (Bundeskartellamt) Andreas Mundt, Frankfurter Allgemeine Zeitung. February 2, 2013, p. 12.

17 Annette Ehrhardt, David Vidal and Anne-Kathrin Uhl, Global Pricing Study, Bonn：Simon-Kucher & Partners, 2012.

9. 디지털화의 기회를 활용하라

1   한국소비자연맹의 2016년 12월 29일 자 보도자료.

2   https://de.statista.com/themen/669/produktvergleich/#dossierKeyfigures(acce ssed April 20, 2022)

3   M. J. de la Merced, Data Start-up Lands Big Name, International New York Times, July 17, 2015, p. 16.

4   GfK, Handys sind wichtige Einkaufsbegleiter：GfK-Studie zur Nutzung von Mobiltelefonen im Geschäft, Nuremberg 2015.

5   Eine Ethik für das Digitale Zeitalter, Handelsblatt, May 28, 2015, p. 12-13.

6 Rick Levine, Christopher Locke, Doc Searls, and David Weinberger, The Cluetrain Manifesto, New York：Perseus Books 2000.

7 Hans Domizlaff, Die Gewinnung des öffentlichen Vertrauens： Ein Lehrbuch der Markentechnik, Hamburg： Marketing Journal 1982.

8 Hans Domizlaff, Die Gewinnung des öffentlichen Vertrauens：Ein Lehrbuch der Markentechnik, Hamburg：Marketing Journal 1982.

9 Jeremy Rifkin, The Zero Marginal Cost Society, New York：Griffin. 2015.

10 《이익이란 무엇인가?》, 헤르만 지몬·유필화, 2022년, 쌤앤파커스.

10. 인플레이션과 전술적 가격책정

1 Dirk Siedersleben, Zulässigkeit und Gestaltbarkeit von Preisanpassungsklauseln-Ein Überblick unter Berücksichtigung der neueren Rechtsprechung, Recklinghäuser Beiträge zu Recht und Wirtschaft ReWir Nr. Fachbereich 27/2015.

2 Ryan Felton, Rivian Warns Dispute with Seat Supplier Threatens Production of Amazon Delivery Vans, Wall Street Journal, May 16, 2022.

3 https：//www.linkedin.com/posts/svenreinecke_pricingstrategy−pricing−preis−activity−6925475558583607297−sW6t?utm_source=linkedin_share&utm_medium=member_desktop_web(accessed April 29, 2022)

4 Hermann Simon, Confessions of the Pricing Man, New York：Springer 2015; Hermann Simon and Martin Fassnacht, Price Management, New York：Springer 2019.

5 Karen Langley, Quest for Pricing Power Drives Stock Gains, Wall Street Journal, April 17, 2022.

6 Vgl. Richard H. Thaler, Mental Accounting Matters, Journal of Behavioral Decision Making, 1999, No. 3, ü. 119, und Richard H. Thaler, Quasi−Rational Economics, New York：Russell Sage 1994, sowie Richard H. Thaler und Cass R. Sunstein, Nudge： Improving Decisions about Health, Wealth and Happiness, London：Penguin 2009.

7 https：//www.vzhh.de/mogelpackungsliste(aufgerufen am 18. April 2022)

8 Eckhard Kucher, Scannerdaten und Preissensitivität bei Konsumgütern, Wiesbaden：Gabler−Verlag 1985.

9 Immer weniger Rabatt auf Neuwagen, General−Anzeiger Bonn, May 2, 2022, p. 5.

10 Hermann Simon and Martin Fassnacht, Price Management, New York：Springer 2019.

11. 혁신적 가격시스템을 도입하라

1   Pricing Power is highly prized on Wall Street, The Economist, November 6, 2021.

2   가격탄력성 = 판매량(여기서는 고객수)의 변화율(%) ÷ 가격의 변화율(%) = 고객수 변화율(%) ÷ 16.8% = −0.3
따라서 고객수 변화율 = 16.8 × −0.3 = −5%이며, 총 고객수 2억 명 × 0.05 = 1,000만 명이다.

3   Hwang Chang−Gyu, Encounters with Great Minds-A Story of the Global No. 1 Semiconductors & 5G, Seoul:Sigongsa Publishing 2022, S. 61.

4   Heftiger Flirt mit der App, Frankfurter Allgemeine Zeitung, April 20, 2015, p. 22.

12. 영업부서를 회사의 첨병으로

1   Yorck Nelius, Organisation des Preismanagements von Konsumgüterherstellern-Eine empirische Untersuchung, Frankfurt am Main:Peter Lang 2011.

2   Ram Charan, Leading through Inflation: A Playbook, Chiefexecutive.net, March 18, 2022.

3   Simon−Kucher Global Pricing Studies, 2012, 2017, 2021.

4   Christian Müßgens, Preishammer im Reifenhandel, Frankfurter Allgemeine Zeitung, April 27, 2022, p. 18.

5   《가격관리론》, 유필화·헤르만 지몬·마틴 파스나하트, 2012년, 박영사, pp. 415−416.

13. 인플레이션과 재무관리

1   Decade−High Mortgage Rates pose Threat to Spring Housing Market, Wall Street Journal, April 16, 2022.

2   Thomas Mayer, Das Inflationsgespenst-Eine Weltgeschichte von Geld und Wert, Frankfurt:Campus 2022.

3   Christian Müßgens, Preishammer im Reifenhandel, Frankfurter Allgemeine Zeitung, April 27, 2022, p. 18.

4   Charles G. Koch, The Science of Success:How Market−Based Management Built the World's Largest Private Company, Hoboken, N.J.:Wiley 2007.

5   Willi Koll, Inflation und Rentabilität-Eine theoretische und empirische Analyse von Preisschwankungen und Unternehmenserfolg in den Jahresabschlüssen deutscher Aktiengesellschaften, Wiesbaden:Gabler 1979.

6   Horst Albach, Foreword to Willi Koll, Inflation und Rentabilität, Wiesbaden: Gabler 1979.

14. 원가를 낮추어라

1   Simon-Kucher & Partners, Inflation Campaign Survey Results, Frankfurt 2022.

2   Adam Echter, Leading through Inflation, presentation, Chief Executive Network, March 24, 2022.

3   Pressenhersteller Schuler streicht 500 Stellen, Frankfurter Allgemeine Zeitung, July 30, 2019, p. 19.

4   개당 변동비의 증가율은 (7,000원 - 6,000원) ÷ 6,000원 = 16.7%이다. 손익분기점의 증가율은 (10만 개 - 7만 5,000개) ÷ 7만 5,000개 = 33.3%이다. 따라서 손익분기점 탄력성은 33.3 ÷ 16.7 = 2이다. 비슷하게 개당 변동비가 6,000원에서 8,000원으로 오르면 증가율은 33.3%, 손익분기점은 7만 5,000개에서 15만 개가 되므로 증가율이 100%다. 따라서 손익분기점 탄력성은 100 ÷ 33.3 = 3이다.

5   고정비 증가율은 (4억 원 - 3억 원) ÷ 3억 원 = 33.3%이다. 손익분기점 증가율은 (10만 개 - 7만 5,000개) ÷ 7만 5,000개 = 33.3%이다. 따라서 손익분기점 탄력성은 33.3 ÷ 33.3 = 1이다.

6   Rohstoffpreise sichern VW-Gewinn, Frankfurter Allgemeine Zeitung, April 16, 22, p. 25.

헤르만 지몬 Hermann Simon

지몬-쿠허 회장

독일이 낳은 초일류 경영학자. 경영전략과 마케팅, 특히 가격결정 분야에서 세계 최고의 권위자로 손꼽힌다. 독일어권에서 가장 영향력 있는 경영사상가를 선정할 때마다 피터 드러커와 함께 늘 최상위권을 차지하며, 창조적인 이론과 탁월한 실행력을 인정받아 '현대 유럽 경영학의 자존심'으로 불린다. 독일 빌레펠트대학교 교수, 독일경영연구원 원장, 마인츠대학교 석좌교수를 역임했으며, 미국의 스탠퍼드대학교, 하버드대학교, MIT, 프랑스의 인시아드(INSEAD), 일본의 게이오대학교에서 학생들을 가르치고 연구했다.

현재 국제적인 마케팅 전문 컨설팅회사 지몬-쿠허의 회장이며 영국 런던비즈니스스쿨의 영구초빙교수이다. 세계적인 베스트셀러 《히든챔피언》을 비롯하여 《헤르만 지몬의 프라이싱》, 《생각하는 경영》, 《이익창조의 기술》, 《승리하는 기업》, 《가격관리론》 등 40여 권의 저서를 전 세계 30여 개국에서 출간했으며 〈하버드 비즈니스 리뷰〉, 〈매니지먼트 사이언스〉, 〈파이낸셜 타임스〉, 〈월스트리트 저널〉 등 유수의 비즈니스 관련 매체 및 학술지에 수백 편의 논문을 발표했다. 독일인 최초로 '세계 50대 경영사상가'의 반열에 올랐으며, 2021년 5월에 중국 산둥성의 서우광 시에서는 그의 이름을 딴 '헤르만 지몬 비즈니스스쿨'이 정식으로 문을 열었다.

유필화

서울대학교(경영학사)와 미국 노스웨스턴대학교(경영학석사), 하버드대학교(경영학박사)에서 공부했으며, 독일의 빌레펠트대학교에서 가르쳤고, 독일경영연구원에서 연구했다. 1987년부터 2019년까지 성균관대학교 경영학과 교수로 재직한 그는 일본 게이오대학교 비즈니스스쿨과 서울대학교 경영대학에서 각각 1년씩 초빙교수로 근무했으며, 한국경영학회 편집위원장 및 한국마케팅학회 회장을 역임했다. 제일기획, KT, 교보생명의 사외이사를 역임하기도 했다.

2004년부터 2019년 정년퇴임할 때까지 성균관대학교가 삼성그룹과 미국 MIT의 도움을 얻어 설립한 성균관대학교 경영전문대학원 SKK GSB의 교수로, 또 이 학교의 학장으로 후학을 양성했다. 경영의 이론과 현실을 두루 꿰뚫어 보며 30년간 2,000회가 넘는 강연으로 10만 리더들을 열광시킨 경영의 구루로 명망이 높다.

영어·독일어·일본어를 우리말처럼 구사하는 그는 국내외에서 많은 논문을 발표했으며, 헤르만 지몬 회장과 함께 쓴《이익이란 무엇인가?》를 비롯해《위대한 패배자들》,《승자의 공부》,《무엇을 버릴 것인가》,《아니다, 성장은 가능하다》,《가격관리론》,《역사에서 리더를 만나다》,《유필화와 헤르만 지몬의 경영담론》,《현대마케팅론》(현재 제9판),《CEO, 고전에서 답을 찾다》 등 지금까지 약 30권의 경영전문서 및 인문 경영서를 집필, 출간한 왕성한 저술가이다. 저서 중《부처에게서 배우는 경영의 지혜》는 독일의 페거(Ferger) 출판사에서,《부가가치의 원천》은 일본의 동양경제신보사에서 번역, 출간되기도 했다. 2006년에《사랑은 사랑이 아닙니다》라는 시집을 출간하기도 했다.

인플레이션에 베팅하라

2023년 3월 22일 초판 1쇄 발행

지은이 헤르만 지몬, 유필화
펴낸이 박시형, 최세현

책임편집 최세현 **디자인** 임동렬 **편집진행 및 국내 데이터 연구** 기수경
마케팅 양근모, 권금숙, 양봉호, 이주형 **온라인홍보팀** 신하은, 정문희, 현나래
디지털콘텐츠 김명래, 최은정, 김혜정 **해외기획** 우정민, 배혜림
경영지원 홍성택, 김현우, 강신우 **제작** 이진영
펴낸곳 (주)쌤앤파커스 **출판신고** 2006년 9월 25일 제406-2006-000210호
주소 서울시 마포구 월드컵북로 396 누리꿈스퀘어 비즈니스타워 18층
전화 02-6712-9800 **팩스** 02-6712-9810 **이메일** info@smpk.kr

ⓒ 헤르만 지몬, 유필화 (저작권자와 맺은 특약에 따라 검인을 생략합니다)
ISBN 979-11-6534-707-9 (03320)

• 이 책은 저작권법에 따라 보호받는 저작물이므로 무단전재와 무단복제를 금지하며, 이 책 내용의 전부 또는 일부를 이용하려면 반드시 저작권자와 (주)쌤앤파커스의 서면동의를 받아야 합니다.
• 잘못된 책은 구입하신 서점에서 바꿔드립니다.
• 책값은 뒤표지에 있습니다.

쌤앤파커스(Sam&Parkers)는 독자 여러분의 책에 관한 아이디어와 원고 투고를 설레는 마음으로 기다리고 있습니다. 책으로 엮기를 원하는 아이디어가 있으신 분은 이메일 book@smpk.kr로 간단한 개요와 취지, 연락처 등을 보내주세요. 머뭇거리지 말고 문을 두드리세요. 길이 열립니다.